三国志 群雄列伝

さんごくし
ぐんゆうれつでん

目次

三国志の時代 — 4

第1章 三国の群雄

蜀 — 12

劉備	13
関羽	14
張飛	15
趙雲	16
諸葛亮	17
龐統	18
馬超	19
黄忠	20
魏延	21
姜維	22
関平	23
周倉	24
徐庶	25
法正	26
厳顔	27
簡雍	28
馬謖	29
李厳	30
張翼	31
蒋琬	32
費禕	33
孟達	34
劉封	35
劉禅	36
呉蘭	37
雷銅	38
馬岱	39
張嶷	40
関興	41
張苞	42
孫乾	43
糜竺	44
馬良／伊籍	45
鄧芝／董允	46
諸葛瞻／関索	47

魏 — 50

曹操	51
夏侯惇	52
夏侯淵	53
曹仁	54
曹洪	55
許褚	56
典韋	57
張遼	58
徐晃	59
張郃	60
于禁	61
楽進	62
李典	63
荀彧	64
郭嘉	65
程昱	66
賈詡	67
司馬懿	68
満寵	69
龐徳	70
鍾会	71
鄧艾	72
曹丕	73
曹叡	74
曹植	75
曹昂	76
曹真	77
郝昭	78
荀攸	79
劉曄	80
郭淮	81
夏侯覇	82
牛金／王双	83
華歆／賈逵	84
諸葛誕／毌丘倹	85

呉 — 88

孫権	89
孫策	90
孫堅	91
周瑜	92
魯粛	93
呂蒙	94
陸遜	95
程普	96
韓当	97
黄蓋	98
甘寧	99
太史慈	100
周泰	101
諸葛瑾	102
朱然	103
丁奉	104
蒋欽	105
凌統	106
張紘	107
張昭	108
徐盛／潘璋	109
闞沢／諸葛恪	110
陸抗／孫皓	111

第2章 各地の群雄

黄巾党 — 116

張角	117
張梁	118
張宝	119

董卓 — 120

董卓	121
貂蝉	122
李儒	123
華雄	124
李傕	125
郭汜	126
徐栄／牛輔	127

呂布 — 130

呂布	131
陳宮	132
高順	133
臧覇／曹性	134
陳登／陳珪	135

袁紹 — 136

袁紹	137
顔良	138
文醜	139
淳于瓊	140
麹義	141
田豊	142
沮授	143
郭図	144
許攸	145
袁尚	146
審配	147

高覧／逢紀——148		王朗	華佗
荀諶／袁熙——149	南蛮——176	厳白虎	于吉
	孟獲——177	許貢	禰衡
袁術——152	祝融——178	張魯——194	左慈——201
袁術——153	木鹿大王——179	劉度	許劭
紀霊——154	孟優／金環三結——180	趙範	橋玄
張勲——155	董荼那／阿会喃——181	金旋	司馬徽
		韓玄——195	管輅——202
劉表——156	晋——184	何進	南華老仙
劉表——157	司馬師——185	何夫人	十常侍
黄祖——158	司馬昭——186	王美人	献帝
蔡瑁——159	賈充——187	曹夫人——196	霊帝——203
蒯越／文聘——160	司馬炎——188	糜夫人	
劉琦／劉琮——161	羊祜——189	甘夫人	さくいん——206
	杜預／王濬——190	孫夫人	
劉璋——164		黄夫人——197	**コラム**
劉璋——165	**第3章 その他の人物**	卞夫人	諸葛亮の逸話——48
劉焉——166		丁夫人	官僚制度と軍隊制度——86
張任——167	丁原	鄒氏	
張松／王累——168	公孫瓚	甄夫人——198	三国志の計略——112
高沛／冷苞——169	公孫越	張夫人	後漢末の宮廷——128
	劉虞——192	蔡夫人	三国志の一騎討ち——150
馬騰——170	陶謙	大喬・小喬	
馬騰——171	劉岱	呉国太——199	三国志の兵器——162
韓遂——172	孔融	夏侯氏	戦いの裏側——174
馬休——173	張繡——193	鮑三娘	後漢時代の宗教——182
		樊氏	
		卑弥呼——200	三国志の美女——204

武将ページの見方

❶ 名前…姓名や通称
❷ 君主…国や地域の統治者
　軍師…君主の参謀
　武官…おもに戦闘を担った者
　文官…おもに政治を担った者
❸ 字…姓名とは別につけられた名前
❹ 生没年…生まれた年～死んだ年

❺ 出身地…生まれた地域
❻ 戦闘…武将の強さや戦での統率力
　知力…政治や外交、計略などのうまさ
　運…運の強さ
　野心…支配欲や出世欲
❼ 解説…武将の行いや一生
❽ 英雄トリビア…有名な逸話

三国志の時代

「黄巾の乱」が発生し英雄たちが鎮圧に乗り出す

西暦184年、漢帝国が建国されてからおよそ400年が過ぎた時代。役人のあいだでは不正が横行し、世の中は混乱していた。苦しむ民衆たちは救いを求めて、「太平道」とい

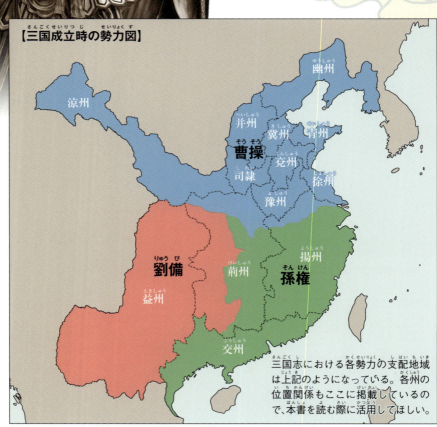

【三国成立時の勢力図】

幽州
涼州
并州 冀州 青州
曹操
司隷 兗州 徐州
豫州
揚州
劉備 荊州 孫権
益州
交州

三国志における各勢力の支配地域は上記のようになっている。各州の位置関係もここに掲載しているので、本書を読む際に活用してほしい。

う信仰にすがった。急激に信者を増やした太平道の教祖・張角は、信者たちとともに漢帝国に対する反乱を起こした。太平道の信者たちは体のどこかに目印となる黄色い布を巻き付けていたため「黄巾党」と呼ばれ、反乱は「黄巾の乱」と言われた。反乱の勢いはすさまじく、鎮圧にやってきた官軍を圧倒する。さらに、混乱に乗じて悪事を行う者まで現れ、世はますます乱れていった。

そのころ、都の洛陽からはるか東の地・涿県に、荒れた世に心を痛めていた劉備という若者がいた。劉備は貧しいムシロ売りだったが、前漢の皇帝・景帝の子である中山靖王劉勝の血を引くという人物。彼は同じように世を憂う豪傑・関羽と張飛に出会い、「桃園の誓い」で彼らと義兄弟の契りを結ぶと、義勇軍を募って黄巾党の討伐に参加した。

同じ時期、官軍のなかにも新たな英雄が続々と現れる。その代表格が曹操である。曹操は皇甫嵩将軍を包囲していた波才が率いる黄巾党の大軍を蹴散らし、官軍を勢いに乗せた。また、朱儁将軍の配下として参戦した孫堅も、各地で黄巾党を撃破して活躍を続けた。

英雄たちの奮戦によって官軍は息を吹き返し、次第に黄巾党を圧倒する。そして張角が病死すると黄巾党はまとまりを失い、まもなく反乱は鎮圧された。しかし、この大きな農民反乱によって漢帝国の威信は大きく傷ついてしまった。

三国志年表

年代	出来事
155年	曹操誕生
不明	劉備誕生
182年	孫権誕生
184年	黄巾の乱勃発
	党錮の禁が解除される
185年	張角病死により黄巾の乱終結
189年	霊帝崩御、劉弁（少帝）即位
	何進が暗殺される
	袁紹が宦官を虐殺
	少帝廃位。董卓により劉協（献帝）擁立
190年	反董卓連合軍集結
	汜水関の戦い
	虎牢関の戦い
	董卓、洛陽を焼き長安へ遷都
192年	呂布、董卓を殺害
	孫堅戦死
193年	曹操、徐州にて大虐殺
194年	劉備、徐州牧に
196年	呂布、劉備より徐州を強奪
	孫策、江東を制圧
	曹操、許昌に遷都、献帝を迎える
197年	袁術、皇帝を名乗る
198年	下邳城の戦い
	呂布敗死
199年	易京の戦い

三国志の時代

霊帝の崩御と董卓の暴政による漢帝国の崩壊

三國志の時代

　黄巾の乱の鎮圧から間もなく、霊帝が崩御する。霊帝の生前から宮中では次の皇帝の座を巡り、何皇后の子・劉弁を支持する派閥と、王美人の子・劉協を支持する派閥の対立が続いていた。だが何皇后の兄の大将軍・何進の後押しによって劉弁が跡を継ぐことになった。こうして少帝が即位し、劉協は陳留王となる。

　しかし、何進は宦官の十常侍と対立して暗殺される。何進の配下であった袁紹たちは、その報復として宦官を虐殺。宮中は大混乱に陥った。少帝と陳留王は混乱を逃れて宮中を脱出したところを、軍勢を率いて都に向かっていた董卓に保護された。この功績により発言力を高めた董卓は、少帝を廃立して陳留王を新皇帝に擁立しようとした。反発した諸侯のひとり丁原は董卓と戦ったが、董卓は謀略によって丁原の養子で万夫不当の勇士・呂布を裏切らせ、丁原を殺害させた。これで反対勢力を封じ込めた董卓は、改めて少帝を廃立して陳留王を献帝として擁立。少帝と何皇后を暗殺し、自分は宮中で最高の地位である相国の座について政治の主導権を握る。董卓やその配下は宮中を荒らしたり民衆から金品を奪うなど、人々を散々苦しめた。

　こうした董卓の横暴な振る舞いに怒った諸侯は、袁紹を盟主として反董卓連合軍を結成。この軍には曹操や孫堅、劉備らも参加した。連合軍は董卓軍を破って洛陽に攻め寄せるが、追い詰められた董卓は洛陽を焼き払って長安に逃げてしまう。これで目的を失った連合軍は解散となり、董卓の天下はまだまだ続くかに思われた。しかし、以前から董卓を排除する機会をうかがっていた王允が、歌妓の貂蝉に命じて呂布と董卓を仲違いさせ、呂布を味方につけて董卓を暗殺する。その後、董卓の配下たちの逆襲によって王允は殺害され呂布も長安を追われるが、多くの人々を苦しめた大悪人・董卓による支配は終わりを告げた。

官渡の戦い

①白馬および延津の戦いで、関羽らの活躍もあって3万人の曹操軍が12万の袁紹軍に大勝。②官渡に陣を引きにらみ合う両軍。砂丘に沿って数十里にもわたって布陣して攻め込んでくる袁紹軍に対して、曹操は一度許都に戻ろうとするが、荀彧に諫められ思いとどまる。③曹操自らが軍を率いて袁紹軍の兵糧庫である烏巣を夜襲。淳于瓊ら1000人余りの将兵が袁紹に見殺しにされたことで愛想を尽かした張郃、高覧らが投降。これをきっかけに袁紹軍は総崩れとなり勝敗は決した。

曹操の躍進と北の巨人・袁紹との決戦

　反董卓連合軍の解散後、曹操は青州にいた黄巾賊の残党を吸収して勢力を拡大していた。しかし、父の曹嵩が陶謙の治める徐州で殺害されるという悲劇が起こり、怒った曹操は徐州へ侵攻して無関係な住民までも大虐殺する。この無慈悲な行為に対し、立ち上がったのが劉備だった。

　同じころ、曹操の本拠地である兗州でも動きがあった。董卓殺害後、各地を放浪していた呂布が兗州を襲ったのである。この影響で曹操軍は撤退。徐州の危機に駆けつけた劉備は仁君の評判を高め、陶謙の死後は徐州を治めた。だが、曹操に敗れた呂布を受け入れたところ、裏切られて徐州を奪われてしまう。その後、曹操は長安から逃れてきた献帝を保護して、漢王朝の臣という大義名分を得る。そして強敵・呂布も劉備と協力して討伐した。しかし劉備はその後曹操暗殺計画に引き込まれ、曹操のもとから逃げ出している。

　曹操が勢力拡大を続けているあいだ、北方では袁紹が公孫瓚を倒して河北四州を支配する大勢力へと成長。南下した袁紹軍と曹操軍は、「官渡の戦い」で激突した。この戦いは兵力で勝る袁紹軍が優勢だったが、曹操軍が袁紹軍の兵糧庫を焼き討ちして流れを変え、逆転勝利を収めた。

三国志の時代

年代	出来事
199年	公孫瓚敗死
	袁術病死
	孫策、江南を制圧
200年	白馬の戦い
	孫策死去
	官渡の戦い
202年	袁紹死去
207年	劉備、三顧の礼で諸葛亮を迎える
208年	曹操が丞相に就任
	劉表病死
	長坂の戦い
	赤壁の戦い
209年	劉備、孫夫人と結婚
211年	潼関の戦い
213年	曹操、魏公になる
214年	劉備の入蜀
	劉備、無血開城により益州を得る
215年	曹操、漢中を制圧／合肥の戦い
216年	濡須口の戦い
	曹操、魏王になる
219年	定軍山の戦い
	劉備、漢中王を自称
	関羽敗死
220年	曹操病死
	曹丕、献帝から禅譲し、魏を建国
221年	劉備が帝位につき、蜀漢を建国

三国志の時代

江東の雄・孫家が曹操の覇道を阻む

　ここで少し時間をさかのぼり、南方へと目を向けてみる。南方で勢いがあった英雄は、江東を拠点とする孫堅である。孫堅は春秋時代の兵法家・孫武の末裔と言われ、黄巾賊や董卓との戦いでも活躍した戦上手だったが、劉表との戦いで運悪く流れ矢に当たって戦死してしまう。その長男・孫策も勇猛な若武者で、盟友・周瑜の協力を得て江東に勢力地盤を築き上げ「小覇王」と呼ばれた。だが、中原への進出を前に、刺客に襲われて早死にしてしまった。

　孫堅や孫策が築いた地盤を引き継いだのは孫堅の次男・孫権だった。しかし、まだ若い孫権は父や兄ほどの統率力を発揮できず、配下の武将たちをまとめきれていなかった。そこへ袁紹との直接対決に勝利して中原の覇者となった曹操が南下してくるという報せが届き、孫権のもとには曹操から降伏勧告が届く。迫りくる曹操の大軍に対し、降伏するのか交戦するのか、孫家の武将たちが日夜論議を続けていたところに、ひとりの使者が訪れた。

　使者の名は劉備の軍師・諸葛亮。諸葛亮は孫家の降伏支持者たちを論破して黙らせると、孫権に曹操への徹底抗戦をすすめた。これで心を決めた孫権は剣を抜くと机を叩き斬り、配下の武将たちに決意を示した。こうして「赤壁の戦い」が始まる。

　孫権軍の司令官・周瑜は諸葛亮と必勝の策を話し合い、曹操軍の大船団を長江で迎え撃つ。ちょうどそのころ、孫権陣営を訪れていた龐統も協力し、曹操のもとを訪れて「船酔い対策」として曹操軍の船を鎖で連結させた。そして戦いが始まると、諸葛亮が祈祷で風を呼び、孫権軍からは燃えやすいワラを満載した船が突撃。船に火が放たれると、諸葛亮が呼んだ風にのって炎はあっという間に広がり、鎖で繋がれて離れられない曹操軍の船団を焼き尽くした。

　曹操は脱出に成功するが、この大敗で天下統一は遠のいてしまった。

五丈原の戦い

①第四次北伐で、食糧輸送の失敗により撤退となった蜀。力を蓄え直し、234年に5度目となる侵攻を開始。諸葛亮の度重なる挑発で葫蘆谷に司馬懿をおびき寄せることに成功するが、突然の雨で鎮火。②五丈原の戦いはその後、100日にも及ぶ長期戦となり、極度の過労で体調を崩した諸葛亮は、そのまま亡くなってしまう。③諸葛亮の死を察知した司馬懿は攻撃を仕掛けるが、諸葛亮は死んだあとを考えて木像を用意しており、これを見た司馬懿は動揺して撤退する。

劉備の入蜀と三国鼎立

「赤壁の戦い」で曹操の勢いを止めたことにより、それまで拠点となる領土を持っていなかった劉備にも勢力を拡大するチャンスが生まれた。劉備の軍師・諸葛亮は、中央を曹操、南方を孫権が支配している現状をふまえたうえで、残った西方を押さえて両者に対抗する力をつける「天下三分の計」を提案した。当時、西方の蜀を治めていたのは同族である劉璋だったため劉備はこの策を嫌がったが、新たに軍師として加わった龐統も諸葛亮に賛同したことで、蜀を取ることを決意した。

劉璋配下の張松は、劉備を新しい統治者に迎えるため、劉備陣営に情報を伝えていた。劉備は張松のすすめに従って蜀の都である成都に入る予定だったが、漢中の張魯が蜀に攻めてきたため迎撃を引き受けた。しかし、このあいだに内通が発覚して張松が処刑され、激怒した劉璋は劉備と敵対する。対する劉備は同族と争う覚悟を決め、劉璋軍を破って成都を包囲。劉備軍の強さに驚いた劉璋は降伏し、劉備はついに自分の領土を手に入れた。その後、劉備は曹操に勝利して漢中を奪い、魏王を名乗る曹操に対抗して漢中王を名乗る。こうして曹操の魏、孫権の呉、劉備の蜀による三国鼎立の時代が訪れた。

三国志の時代

年代	出来事
221年	張飛死去
	孫権、呉王を宣言
222年	夷陵の戦い
223年	劉備死去、劉禅が即位
	蜀と呉が同盟
225年	蜀の南蛮制圧
226年	曹丕崩御、曹叡即位
227年	諸葛亮が出師の表を立てる
	蜀の北伐開始
228年	街亭の戦い
	石亭の戦い
	蜀の第二次北伐
229年	孫権、帝位につき、呉を建国
	蜀の第三次北伐
231年	蜀の第四次北伐
234年	蜀の第五次北伐
	献帝崩御
	呉、蜀の北伐に呼応
	五丈原の戦い
	諸葛亮死去
	魏延の反乱
237年	公孫淵が独立。燕を建国
238年	司馬懿、公孫淵を破り燕滅亡
239年	曹叡死去、曹芳即位
249年	司馬懿がクーデターを起こし、魏の実権を握る
	蜀、北伐を再開

英雄たちの退場と三国時代の終焉

「赤壁の戦い」以後、劉備と孫権は荊州を巡って対立していたが、劉備が益州を得るとついに孫権は荊州を攻め、関羽が戦死した。ほどなくして曹操も病死。関羽の仇討ちに燃えた劉備も「夷陵の戦い」で孫権軍に大敗して失意のうちに世を去る。蜀の命運を託された諸葛亮は劉備の後継者の劉禅を盛り立て、魏に対する北伐を繰り返した。しかし魏の名将・司馬懿に防がれ、「五丈原の戦い」の最中に病没。対する魏では司馬懿一族がクーデターを起こし、政治の実権を握った。そして蜀への攻勢を強め、ついに蜀を滅亡させる。その後、司馬懿の孫・司馬炎が皇帝の座について晋を建国し、魏も滅亡。最後に残った呉も晋の侵攻を受けて降伏し、晋帝国のもとに中国は統一、三国時代は終わりを告げた。

三国志の時代

年代	出来事
251年	司馬懿病死
252年	孫権病死、孫亮即位
254年	曹芳廃位、曹髦即位
255年	魏で内戦、田丘倹・文欽らが蜂起
	司馬師死去
257年	諸葛誕の反乱
260年	司馬昭、曹髦を殺害
	曹奐即位
263年	劉禅、魏に降伏。蜀漢滅亡
264年	鍾会・姜維が反乱
	孫晧が即位
265年	司馬昭病死
	曹奐、司馬炎に禅譲
	晋帝国建国
280年	孫晧が晋に降伏し、晋が中国全土を支配下に治め、三国時代終結

三国志に登場する用語

三国志演義
羅漢中によって編集された劉備が主役の物語で、本書はこちらをベースに記載。また、三国志演義は「演義」と略する。

三国志正史
国家に認定された歴史書で、脚色の濃い「演義」に対して「正史」と言われる。曹操の魏が後漢に続く正当な国となっている。

宦官
皇帝を補佐する立場にある政治家のこと。后妃が住む後宮とも密接に関わるため、去勢しなければならなかったという。

字
中国の人名は姓(苗字)と諱(名前)と字があり、簡単に言えば字は成人後の名前である。そのため諱と字は同時に読まない。

第1章 三国の群雄

三国志の基礎となった「蜀」「魏」「呉」の三国。ここではその三国で活躍する英雄を紹介。それぞれの国の動向とともに詳しく解説していこう。

蜀【しょく】

漢王朝の末裔 劉備が興した山岳の国

蜀の勢力図

蜀の地はもともとは劉備の同族である劉璋が支配していた地域である。「赤壁の戦い」ののちに荊州の地を得た劉備は、諸葛亮の描く「天下三分の計」を実現するために入蜀を実行。首都成都を無血開城させた。その後、曹操が漢中を陥落させたことで魏・呉・蜀の三国鼎立が成り立つ。当初は呉と組んで魏に対する予定だったが、荊州の返還を巡って呉との関係がこじれ、緊迫した状況に陥ってしまう。それから北伐という形で幾度と無く魏に戦いを挑むが、徐々に国力が疲弊していき、三国のなかでは最初に滅んでしまった。

興亡のキーとなった3つの事件

諸葛亮が劉備の配下となる

曹操の魏、孫権の呉とはまったく別の新たな国を興して曹操に対抗するという「天下三分の計」。この策を提示したことで、劉備の未来に希望の光が灯った。

関連する人物
劉備（P.13）
諸葛亮（P.17）

劉備が蜀漢の初代皇帝になる

曹丕に対抗するように、翌年に劉備は蜀漢の初代皇帝を宣言する。それと同時に関羽の仇討ちのために呉の征伐を宣言。「夷陵の戦い」で大敗を喫してしまう。

関連する人物
劉備（P.13）
陸遜（P.95）

諸葛亮が「出師の表」劉禅に奏じる

軍を出す意義を説いた「出師の表」。これにより諸葛亮は魏へと攻め込む北伐を開始する。一進一退の攻防が続いたが、諸葛亮没後は劉禅が暗愚化。国は疲弊していく。

関連する人物
諸葛亮（P.17）
劉禅（P.36）

人徳で国を治めた君主

劉備

君主 | 軍師 | 武官 | 文官

字：玄徳
生没年：161年〜223年
出身地：涿郡涿県

戦闘：★★★★☆
知力：★★★☆☆
運：☯☯☯☯☯
野心：🔥🔥🔥☐☐

友好武将：関羽・張飛
敵対武将：曹操・呂布

第1章　蜀　劉備

得難き配下に支えられ
長き雌伏の時を経て
己の国を得た仁の名君

若いころから心清らかで仁義に厚いと評判の人物・劉備は、ふたりの豪傑、関羽と張飛と義兄弟の契りを結び、義勇軍として黄巾党と戦った。その後、なかなか浮上することができずに各地を転々とし、荊州の劉表のもとで、天才軍師・諸葛亮と運命の出会いを果たす。そして、呉の孫権と同盟を結び「赤壁の戦い」で曹操を討ち破ると、劉璋の治める西蜀へ攻め込み、入蜀を果たす。これにより魏・呉・蜀の三国時代が始まった。だが、関羽、張飛の相次ぐ死に心を乱して呉に攻め込み「夷陵の戦い」で大敗。失意のまま病死した。

英雄トリビア：劉備の高貴な血筋にまったくの根拠無し

劉備は中山靖王・劉勝の末裔を自称していたが、正史においてはそれを証明できる系譜が途中で途切れているため、その出自は非常に怪しいと言わざるを得ない。

Illustration：三好載克

関羽

義に厚く最期まで劉備に尽くした猛将

字	雲長
生没年	162年～219年
出身地	河東郡解良県

武官

- 戦闘：★★★★★★
- 知力：★★★☆☆
- 運：☆☆☆☆
- 野心：🔥🔥☆☆

友好武将：張飛、関平
敵対武将：曹仁、呂蒙

第1章 蜀 関羽

数々の戦いで武名を轟かせ
敵からも一目置かれた
劉備軍きっての猛将

劉備三兄弟の次兄として、戦場でめざましい活躍を見せた人物。曹操も配下に置きたいと願い、劉備の妻子を人質に取り、自軍へと招き入れた。だが関羽は「白馬の戦い」で袁紹軍の二枚看板、顔良・文醜を斬ると、義理は果たしたと曹操のもとを去る。この忠義心こそが関羽の最大の魅力であり、それがわかっているからこそ曹操も涙を飲んで関羽を見送った。その後、「麦城の戦い」で呂蒙、陸遜の計略に敗れ、関羽は死去。その首は曹操のもとへと届けられたが、首だけでも自分のところへ来てくれたと喜び、盛大に弔われたという。

英雄トリビア
関羽が死後 商売の神になった理由とは？

関羽は死後、商売の神様として崇められている。武人が商売というのも不思議な話だが、商人に必要なのは義理と人情。商人たちは義に厚い関羽にあやかりたいと願ったのである。

Illustration：池田正輝

万夫不当の豪の者

張飛(ちょうひ)

| 君主 | 軍師 | **武官** | 文官 |

字：翼徳
生没年：不詳～221年
出身地：涿郡涿県

- 戦闘：★★★★★
- 知力：☆☆☆
- 運：●●●●
- 野心：🔥🔥🔥

友好武将：劉備／関羽
敵対武将：曹操／呂布

第1章　蜀　張飛

ただひとりで
万の兵を相手取る
気迫の剛勇

劉備軍きっての豪将とされる張飛であるが、酒での失敗も多く、そこがまた人間らしいという意味で魅力にあふれる人物だ。張飛最大の活躍、それは曹操の大軍から逃げる「長坂の戦い」でのこと。張飛は殿を務めて長坂橋で仁王立ちすると、ただひとりで曹操軍を迎え討つ。そして敵軍の先頭に見える曹操軍を一喝。その勢いに飲み込まれて落馬する将もいた。このように豪快で気骨あふれる人物ではあるが、その最期はあっけなく、酒に酔ったところを裏切り者の范彊と張達に襲われて殺害されてしまった。

英雄トリビア
剛勇だけではない　知恵で敵将を籠絡

猪突猛進というイメージの張飛だが、厳顔との戦いでは計略を用いて厳顔を生け捕りにしている。そして捕らわれながらも覇気を見せる厳顔に感服し、味方に引き入れた。

Illustration: 夜鳥

仁智勇を兼ね備えた武将の鑑

趙雲

字 子龍
生没年 不詳〜229年
出身地 常山郡真定県

君主／軍師／**武官**／文官

- 戦闘 ★★★★☆
- 知力 ★★★☆☆
- 運 ●●●●○
- 野心 🔥🔥🔥🔥☆

第1章 蜀 — 趙雲

友好武将
劉備　諸葛亮

敵対武将
曹操

趙雲は腕っ節が強く、頭もキレるという非の打ち所のない人物であり、劉備も関羽や張飛に匹敵するほどに重用した名将である。趙雲の武技が躍動するのは「長坂の戦い」でのこと。逃げ遅れた劉備の妻子が乗る馬車を敵大軍のなかをかき分けて捜し妻子を救出。劉備の妻・糜夫人は井戸に身を投げてしまったが、劉備の子・阿斗だけは助けようと、まだ赤子の阿斗を懐に抱き、単騎での突撃を敢行。無事に劉備のもとへと送り届けた。劉備だけでなく諸葛亮からも厚い信頼を得ており、劉備入蜀後も最前線で長く活躍し続けた。

見渡す限り敵兵の死地を単騎駆けで斬り進む

英雄トリビア
単騎駆けを代表する趙雲を評した劉備の言葉

劉備や諸葛亮の厚い信頼に、常にその武勇で応え続けた趙雲。劉備は趙雲のことを「一身これ胆なり（全身すべてが肝っ玉）」と褒め讃えた。

Illustration:NAKAGAWA

蜀を支えたスーパー軍師

諸葛亮（しょかつりょう）

|君主|**軍師**|武官|文官|

- 字: 孔明
- 生没年: 181年～234年
- 出身地: 瑯邪郡陽都県

- 戦闘: ★★★★☆
- 知力: ★★★★★
- 運: ☆☆☆☆☆
- 野心: 🔥🔥

友好武将: 劉備・姜維
敵対武将: 曹操・司馬懿

第1章 蜀 諸葛亮

天下三分という壮大な発想を提唱し劉備を飛躍させる

「三顧の礼」（P.48）でもって、劉備に仕えることを決めた諸葛亮。それからは日々天下の行く末を語り合うほどの深い仲となり、その天才的な知略で劉備を支え続けた。劉備の死後も忠節を貫き、国政の安定と対魏の戦略を練ることに没頭。だが、疲労の蓄積で身体が病に犯され「五丈原の戦い」にて死亡する。それを悟った諸葛亮最大のライバル・司馬懿は好機と見て攻め込むが、諸葛亮は生前に自身の人形を輿に乗せて陣頭に設置しており、それを見た司馬懿は撤退。死してなお敵将を翻弄するという、神懸かり的な策を見せた。

英雄トリビア

劉備との絆が生んだ有名な格言

諸葛亮が劉備と出会ったことで、両者の運命は大きく動き出した。これを水と魚、無くてはならない両輪を諸葛亮と劉備にたとえ「水魚の交わり」という言葉が生まれた。

Illustration: 虹之彩乃

第1章 蜀 龐統

諸葛亮に匹敵するほどの智謀

龐統（ほうとう）

字	士元
生没年	179年～214年
出身地	襄陽郡

君主／**軍師**／武官／文官

- 戦闘：★★★★☆
- 知力：★★★★★
- 運：☆☆☆☆☆
- 野心：🔥🔥・・・

友好武将：劉備／張飛
敵対武将：曹操／張任

鳳凰の雛、落鳳坡に墜つ　早すぎる死を惜しまれた天才軍略家

「赤壁の戦い」において、曹操の大船団を鉄の輪で繋ぎ、火計をしかけた後の逃げ場を無くす「連環の計」を成功させたのが龐統である。龐統はその後、劉備のもとへと仕官。諸葛亮が「伏龍」、龐統は「鳳雛」とあだ名されるほどの有数の知恵者であり、その両者を得た劉備はおおいに喜んだ。特に軍略面において龐統は優れた才を有しており、劉備の入蜀時に軍師としてともに行軍。だが、鳳凰が落ちるという名の土地「落鳳坡」にて、張任の部隊が放った矢の雨を受けて早すぎる死を迎えてしまう。

英雄トリビア　人は見た目によらないを体現した人物

龐統は「赤壁の戦い」のあと孫権に仕官を望むも、見た目の悪さから断られている。劉備に採用されたのちも最初は冷遇されていたが、張飛の取りなしで重用されることとなった。

Illustration：樋口一尉

曹操を憎んだ西涼の猛将

馬超(ばちょう)

- 君主
- 軍師
- **武官**
- 文官

字	孟起
生没年	176年～222年
出身地	扶風郡茂陵県

- 戦闘: ★★★★★
- 知力: ★★☆☆☆
- 運: ☯☯☯☯☯
- 野心: 🔥🔥🔥

友好武将
劉備、張飛

敵対武将
曹操、許褚

第1章　蜀　馬超

> 死と隣り合わせの戦場で
> 華々しき姿を見せる
> 人呼んで「錦馬超」

西涼の太守・馬騰の長男。馬騰が曹操に処刑されたことを機に韓遂とともに挙兵し、長安へと攻め込んだ。その「潼関の戦い」にて曹操軍の猛将・許褚との一騎討ちを行い引き分ける。華々しい姿で「錦馬超」と呼ばれるほどの活躍を見せるが、結果的に敗北し漢中の張魯のもとへと身を寄せる。その後、劉璋の援軍として蜀に攻め込んだ劉備軍と戦い、張飛とも一騎討ちを行い引き分けた。だが、戦いの最中に李恢の説得を受けて劉備配下となり、劉備が蜀を得たのちは、新参ながらも五虎大将として抜擢されるという誉れを受けた。

英雄トリビア

正史で馬騰が処刑された理由は……

演義においては仇討ちという形で曹操に立ち向かう馬超だが、正史においては馬超の決起が先であり、都にいた馬騰はその責任を取らされて処刑されてしまうのである。

Illustration: 丞悪朗

老齢なれど一騎当千の活躍を見せる

黄忠

字	漢升
生没年	146年～222年
出身地	南陽郡

[武官]

第1章 蜀 黄忠

- 戦闘 ★★★★☆
- 知力 ★★★☆☆
- 運 ★★★☆
- 野心 ★★★☆

友好武将：関羽・厳顔

敵対武将：張郃・夏侯淵

関羽と互角に戦い夏侯淵を討ち取った弓の名手

　黄忠は関羽が長沙を攻略した際に初登場した。この時点で齢60を超えていたが、一軍の将として獅子奮迅の活躍を見せ、関羽とも一騎討ちを行った。この際に馬の足が弱っており、落馬してしまったが、関羽はその好機をあえて見逃す。翌日黄忠は主の韓玄から関羽を得意の弓で射殺せと命じられたのを、わざと外して先日の返礼とした。蜀将となってからは厳顔との老将コンビで、張郃の守る葭萌関へと果敢に攻め寄せ、続く「定軍山の戦い」では魏の古株である夏侯淵を討ち取るなど活躍を見せ、生涯現役を貫いた。

英雄トリビア
パワフルな老人を示す言葉の語源となった将

　黄忠は老人扱いされるのを嫌い、つねに最前線に立って戦う姿を見せ続けた。歳を取っても元気な老人のことを「老いて益々盛ん」と言うが、この語源となったのが黄忠である。

Illustration：かみや

諸葛亮から疎まれた反骨の猛将

魏延(ぎえん)

字	文長
生没年	不詳～234年
出身地	義陽郡

区分: 武官

- 戦闘: ★★★★☆
- 知力: ★★★☆☆
- 運: ●●●○○
- 野心: 🔥🔥🔥🔥○

友好武将: 劉備、黄忠
敵対武将: 諸葛亮、馬岱

第1章　蜀

魏延(ぎえん)

悲劇の将か暴虐の徒か 評価の難しい蜀のジョーカー的存在

魏延はもともと韓玄に仕えていた武将だったが、関羽の長沙攻略の際に劉備の配下となる。ただ、その際に主の韓玄を殺害したために不忠者とされ、さらには反骨の相の持ち主であったために諸葛亮から疎まれ続けた。たが、新たな主・劉備からは大きな信頼を寄せられており、実際、将としては非常に有能だった。漢中攻略では曹操に矢を射かけて手傷を負わせ、南蛮遠征でも主力として活躍した。諸葛亮が亡くなると魏延はついに謀反を起こす。諸葛亮はこれ予見して馬岱に話しており、魏延は馬岱に斬られて世を去った。

英雄トリビア: 反骨の相とはどのような顔のことか

反骨の相とは後頭部の部分が盛り上がっていることを指し、そのような人物はいずれ裏切るとされている。劉備が生きていれば、魏延が裏切ることはなかったかもしれない。

Illustration: 七片藍

蜀の未来を託された麒麟児

姜維(きょうい)

字	伯約
生没年	202年～264年
出身地	天水郡冀県

武官

- 戦闘 ★★★★☆
- 知力 ★★★★☆
- 運 ★★☆☆☆
- 野心 ★★★☆☆

友好武将: 諸葛亮、劉禅
敵対武将: 司馬懿、鍾会

第1章　蜀　姜維

魏より離れ諸葛亮の教えを受けその後継者となる

姜維はもともと魏の将で、出身地の天水では若いころから才覚を発揮し、将来を期待されていた逸材であった。蜀軍との戦いでは諸葛亮の策を読み切って趙雲の軍を迎撃。その才を見込んだ諸葛亮が自ら捕縛し、直弟子として迎え入れた。諸葛亮の死後、その跡を継いで果敢に北伐を仕掛けたが、肝心の主・劉禅が堕落してしまい、蜀の疲弊が加速。鄧艾が成都に迫ると、劉禅はあっさりと降伏してしまう。憤る姜維は魏将・鍾会に謀反を起こさせて再起しようと試みるが、その計画が露見してしまい、進退窮まり自害して果てた。

英雄トリビア：姜維の剛胆さの象徴はその体内に宿る

正史によると姜維の死後、その体内から取り出された肝は常人の倍以上の大きさだったという。なお、演義でも同様の描写があるが、肝は常人並みの大きさになっている。

Illustration: 丞悪朗

関羽と運命をともにした蜀の若武者

関平（かんぺい）

字	不詳
生没年	不詳～219年
出身地	不詳

区分：武官

- 戦闘 ★★★★☆
- 知力 ★★☆☆☆
- 運 ●●●●○
- 野心 🔥🔥○○○

友好武将：関羽、周倉
敵対武将：曹操、龐徳

第1章 蜀 関平

偉大な父の背を見て育ち ともに戦う道を歩む

　劉備が袁紹のもとを去り、関羽と合流した際に立ち寄った村。そこに住む関定という人物の子が関平である。関定は劉備一行を屋敷に招き、厚くもてなした。それが縁となって関平は関羽の養子として迎えられる。その後、関平は関羽に倣って武技を学び、「赤壁の戦い」や入蜀時に従軍。その後、荊州を守る関羽の下につき「樊城の戦い」に参加。そして龐徳と一騎討ちをして引き分けるなど、勇猛な姿を見せた。だが、呉の介入により樊城から撤退を余儀なくされて麦城に追い込まれ、関羽と運命をともにした。

英雄トリビア：正史の関平は関羽の実子だった!?

演義においては関羽の養子となり活躍する場面も多い関平だが、正史においては名前のみが登場するだけである。養子という記述もないため、実子だった可能性がある。

Illustration: 池田正輝

演義にのみ登場する関羽の側近

周倉（しゅうそう）

字	不詳
生没年	不詳〜219年
出身地	不詳

分類：武官

戦闘 ★★★★★
知力 ★★
運 ★★★★
野心 ★★

友好武将
関羽／関平

敵対武将
曹操／龐徳

第1章　蜀　周倉

関羽が曹操のもとを去り、劉備と合流しようと旅をしていた際、その道中に出会った山賊の頭が周倉である。関羽の武名に憧れを抱いていたのか、そのまま関羽の配下となり、側近として生涯仕え続けた。山賊討伐に来た趙雲にあっさり敗北するなど、登場時は情けない姿を晒すが、その後は孫権の関羽暗殺を阻止したり、「樊城の戦い」では魏将・龐徳を捕らえるのにひと役買うなど要所で活躍を見せる。だが、「麦城の戦い」で関羽・関平親子が処刑されると、自らもそれに殉じて自害した。正史には登場しない架空の人物。

盗賊の身から関羽配下となり生涯支え続ける

英雄トリビア
特技が泳ぎのため海賊扱いされることも

周倉には水に沈んだ城の中を泳いで、龐徳を羽交い締めにしたという逸話が残されている。そのため、創作系の三国志の物語では、周倉は元海賊として扱われることが多い。

Illustration：池田正輝

劉備が得た待望の初軍師

徐庶(じょしょ)

君主 | **軍師** | 武官 | 文官

字　元直
生没年　不詳
出身地　潁川郡

戦闘　★★★★☆
知力　★★★★★
運　☆☆☆☆☆
野心　🔥🔥🔥☆☆

友好武将 劉備・諸葛亮
敵対武将 曹操・程昱

第1章　蜀　徐庶

劉備に諸葛亮の存在を教えるという重要な役割を果たす

劉備が新野を拠点としていた時期に、「単福」という名で現れて劉備の軍師となったのが徐庶である。新野城に迫り来る曹仁と李典の軍を策によって迎撃し、劉備から厚い信頼を得るとともに軍師の重要性を知らしめた。だが、徐庶の母が書いたとされる偽手紙によって曹操に呼ばれ、劉備のもとを離れることとなり、別れ際に自分よりも才のある諸葛亮の存在を劉備に教える。曹操のもとでは「赤壁の戦い」の際に龐統の「連環の計」を見破ったが、そのまま放置。涼州の侵攻に備えるために許昌へ戻るという名目で戦場を離れた。

英雄トリビア　徐庶が偽名を名乗っていたその理由とは？

若いころの徐庶は義に厚い剣の達人として知られており、友人から仇討ちを頼まれて見事に達成した。だが、それにより役人から追われる立場となり、単福を名乗るようになった。

Illustration: 伊吹アスカ

劉備の入蜀を支えた知恵者

法正（ほうせい）

- 君主／軍師／武官／**文官**
- 字：孝直
- 生没年：176年〜220年
- 出身地：扶風郡郿県

- 戦闘：★★
- 知力：★★★★
- 運：★★★
- 野心：★★

友好武将： 劉備／張松

敵対武将： 劉璋／曹操

第1章　蜀　法正

法正は劉璋に仕えていたが、主が無能であることに落胆。仁君の劉備に国を治めてくれるように望み、張松らとともに劉備が蜀を得る手助けをした人物である。劉備の入蜀後の活躍はあまり記載されていないが、正史においては龐統亡きあとの軍事参謀となって漢中攻略の要として活躍。なお、演義においてはその部分はすべて諸葛亮の働きになっている。漢中攻防戦ののちに死去し、これも正史においてだが「夷陵の戦い」で劉備が大敗した際、諸葛亮は法正が生きていればこれほどの敗北はなかったともらしたという。

諸葛亮もその死を惜しんだ蜀建国の影の功労者

英雄トリビア

流れを読むのに長けた人物

正史において法正は「葭萌関の戦い」の勝利から、劉備に対し「勢いを止めることなく間髪入れずに漢中を攻めるべし」と進言していた。これにより劉備は漢中の奪取に成功した。

Illustration: 中山けーしょー

黄忠と並んで名を馳せた老将

厳顔（げんがん）

| 君主 | 軍師 | **武官** | 文官 |

- 字：不詳
- 生没年：不詳
- 出身地：不詳

- 戦闘：★★★★☆
- 知力：★★☆☆☆
- 運：★★★★☆
- 野心：🔥🔥🔥○○

友好武将：黄忠、張飛
敵対武将：曹操、張郃

第1章　蜀　厳顔（げんがん）

厳顔は黄忠と同じく雄々しき老将として知られる人物だ。もともとは劉璋に仕えており、劉璋が劉備を招いた際、「虎に身を守らせるようなものだ」と反対した。その後、巴郡に攻めてきた張飛と戦ったが計略によって捕縛される。このとき張飛に対し、自軍に斬首される者はいても降伏する者はいないと大言を吐く。その堂々とした態度に感銘を受けた張飛に説得されて劉備の配下となった。漢中攻略時には黄忠とともに競うように戦い、葭萌関で張郃を撃破。さらには天蕩山の補給基地を攻めてこれを奪取した。

歳は取れども現役で活躍できる姿を若者たちに見せつける

英雄トリビア
正史には老いていたという記述無し

正史における厳顔の記述は非常に少なく、老将であったというのは演義での後付け。だが、そのおかげで漢中攻略時の黄忠との老将コンビという大きな見せ場が生まれた。

Illustration: 池田正輝

旗揚げ時から劉備に従った最古参の将

簡雍 かんよう

- 字： 憲和
- 生没年： 不詳
- 出身地： 涿郡

文官

第1章 蜀 簡雍

- 戦闘： ★★★★★
- 知力： ★★★★★
- 運： ☯☯☯☯
- 野心： 🔥🔥

友好武将： 張飛、孫乾
敵対武将： 曹操

長きにわたり劉備に従い苦楽をともにした古株の将

簡雍は劉備と同郷の出身であり、関羽や張飛らと劉備の旗揚げに参加。彼らと苦楽をともにして各地を放浪した古株の文官である。目立った活躍は少ないが、劉備の入蜀時には、追い詰めた劉璋のもとに降伏勧告の使者として遣わされている。同族の土地を半ば騙し討ちのようにして奪い取った劉備の非礼・不義理を咎める秦宓に対し、簡雍は素直にそれを認めて謝罪の意を表した。幾度と無く窮地に追い込まれた劉備のもとで生き残ってきただけあり、やはり相当に肝の座った人物なのであろう。

英雄トリビア：諸葛亮の前でもだらけた姿を見せる男

簡雍はだらしない人物で、諸葛亮の前でもその姿勢を崩さなかったという。だが、横柄と言うよりもユーモアに富んだ人物だったようで、皆も笑って許していたのだろう。

Illustration：池田正輝

諸葛亮に可愛がられた後継者候補

馬謖（ばしょく）

- 君主 / 軍師 / **武官** / 文官
- 字：幼常
- 生没年：190年～228年
- 出身地：襄陽郡宜城県

戦闘：★★★☆☆
知力：★★★★☆
運：★★★★☆
野心：🔥🔥🔥

友好武将：諸葛亮、劉備
敵対武将：曹操、張郃

第1章　蜀　馬謖（ばしょく）

多大な期待が重責となり身を滅ぼした

襄陽の名家・馬氏の優秀な五兄弟、通称「馬氏の五常」の末っ子。兄の馬良とともに劉備に仕えており、若くして才覚を発揮したことから諸葛亮に高く評価され、後継者候補として重用された。しかし、劉備は馬謖を信頼しておらず、諸葛亮にも馬謖を重用しないように釘を刺していた。劉備の判断が正しかったのか、馬謖は「街亭の戦い」で大きなミスを犯す。絶対に陣を張ってはいけないと言われていた山頂に布陣して水不足に陥り、張郃に大敗したのだ。その責任を取る形で、諸葛亮の手で処断された。

英雄トリビア　断腸の思いで愛弟子を処断

諸葛亮は馬謖を斬る際、軍の規律を示すために止むなしと涙を流しながら刃を下ろしたという。この逸話は「泣いて馬謖を斬る」という故事成語となり、今日に残った。

Illustration：七片藍

劉備の説得に応じてその配下に入り頭角を現す

李厳（りげん）

字	正方
生没年	不詳～234年
出身地	南陽郡

区分：武官

- 戦闘：★★★★☆
- 知力：★★☆☆☆
- 運：★★★☆☆
- 野心：🔥🔥🔥☆☆

友好武将

劉備／諸葛亮

敵対武将

曹操

第1章　蜀　李厳

有能な将だったが いい加減な性格が 災いし失脚

もともとは劉璋配下の武官で、成都に迫る劉備軍の黄忠と一騎討ちを行い、引き分けるほどの実力者だったという。諸葛亮の策によって捕縛されると、その武を惜しんだ劉備直々の説得によりその傘下に入り、頭角を表すようになる。功績をあげて徐々に重く用いられるようになるが、若干いい加減なところが見受けられ、正史によるとそれを李厳と同郷の陳震が諸葛亮に訴えたこともあったという。その後、その性格がたたってか、第四次北伐で物資を滞らせるという失態を犯し、その責任を取らされて追放処分となった。

英雄トリビア
華々しい一騎討ちは正史に記載無し

正史でも黄忠の軍と戦っている李厳。だが一騎討ちをしたという記述はなく、罠に掛かり捕縛された。その際に潔く負けを認めたため、部下ともども命を失わずに済んだという。

Illustration：藤川純一

人材不足の蜀後期を支えた武人

張翼　ちょうよく

- 字：伯恭
- 生没年：不詳～264年
- 出身地：犍為郡武陽県

区分：武官

- 戦闘：★★★★☆
- 知力：★★☆☆☆
- 運：☯☯☯☯☆
- 野心：🔥🔥🔥☆☆

友好武将：姜維
敵対武将：曹操／鍾会

第1章　蜀　張翼

一線級の活躍はないが蜀の最後を飾った優秀な将

劉璋に仕えていた武将。劉備が入蜀した際には劉璝らが守る雒城の援軍として派遣され劉備軍と戦った。だが、成都へと迫る劉備軍の勢いにより敗北を悟ると、徹底抗戦を主張する劉璝を殺害して開城した。その後は劉備配下となり、南蛮遠征では王平とともに副将の任に就き、趙雲や魏延をよくサポートする。その後、重く用いられるようになり北伐でも王平や姜維らとともに活躍したが、劉禅が降伏して蜀は滅亡。姜維が鍾会に謀反を起こさせようとするがそれも失敗し、張翼も乱戦のなか討たれてしまった。

英雄トリビア　正史では不仲になった張翼と姜維

正史における張翼は、強引に北伐を続けようとする姜維に反対した。これにより両者の関係はギクシャクしたものになったが、張翼は裏切ることなく最期まで従軍し続けたという。

Illustration: 佐藤仁彦

諸葛亮が跡を託した優秀な内政官

蒋琬

字	公琰
生没年	不詳～246年
出身地	零陵郡湘郷県

[君主] [軍師] [武官] **文官**

- 戦闘 ★★☆☆☆
- 知力 ★★★★☆
- 運 ☯☯☯☯☆
- 野心 🔥🔥☆☆☆

友好武将: 諸葛亮、簡雍
敵対武将: 司馬懿

第1章　蜀　蒋琬

劉備入蜀時、龐統が流れ矢を受けて戦死。その穴を埋めるために急遽、諸葛亮が劉備のもとへ向かうことになるのだが、その際に諸葛亮に同行する形で簡雍とともに初登場したのが蒋琬である。このことからわかるように、蒋琬は諸葛亮に目を掛けられており、その才覚を発揮して高官を歴任。諸葛亮の死の直前には、次の丞相として推薦され、それを受けることとなった。『三国志』自体が戦いを中心とした物語なだけに、蒋琬の具体的な活躍は描かれていないが、優秀な内政官として国を統治していたのだろう。

武官たちが戦えるよう国の統治に邁進した政治家

英雄トリビア　真面目な政治家のイメージを覆すエピソードも

正史でもその才を発揮して丞相の地位に上り詰める蒋琬だが、劉備が蜀を平定したのちは酒ばかり飲んで仕事を放置し、劉備に罰せられそうになったという逸話も残っている。

Illustration: よじろー

宮中のすべてを仕切る政治家

費禕

字	文偉
生没年	不詳～253年
出身地	江夏郡鄳県

区分: 文官

- 戦闘
- 知力
- 運
- 野心

友好武将: 諸葛亮、蔣琬

敵対武将: 司馬懿

第1章　蜀　費禕

> 優秀だからこそ
> そつなく働き
> その後は遊ぶ

費禕は益州出身の人物で、劉備が入蜀を果たすとその家臣となった。非常に聡明な人物で、諸葛亮からの信頼を得ると内政官としてその実力を発揮し、順調に出世を重ねる。諸葛亮死後は宮中に詰める尚書令となり、国政の安定に努めた。正史によると尚書令時代の費禕は、日々の膨大な仕事をそつなくこなしながら、夜は酒や博打にふけり、翌日また仕事をこなす、という日々を繰り返していた。同職を引き継いだ董允が真似しようとしたが到底無理であり、費禕がいかに優秀だったかということを思い知らされたという。

英雄トリビア

頭が良いだけでなく度胸も備わっていた

正史でのエピソードだが、魏延と楊儀が仲違いを起こした際、刃を見せて脅そうとする魏延に対して、費禕は臆さずに両者のあいだに入って理を説いたという。肝の据わった人物である。

Illustration: 藤川純一

状況に応じて裏切りを敢行

孟達（もうたつ）

| 君主 | 軍師 | **武官** | 文官 |

- 字：子敬
- 生没年：不詳〜228年
- 出身地：扶風郡

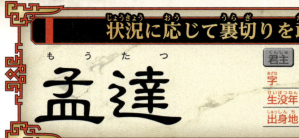

第1章　蜀　孟達

- 戦闘：★★★★☆
- 知力：★★★☆☆
- 運：★★★★★
- 野心：🔥🔥🔥☆☆

友好武将：諸葛亮／曹丕
敵対武将：関羽／司馬懿

孟達は劉璋に仕えていた人物だが、張松や法正と図って劉備を蜀に迎え入れ、自ら軍を率いて劉璋とも戦った。「樊城の戦い」では、麦城に立てこもった関羽からの救援要請を拒否した。結果的に関羽は敵に捕らえられて斬首されたため、その責任を問われることを恐れた孟達は魏に投降した。だが、魏での立場も徐々に悪くなり、諸葛亮の要請に応えて蜀への帰順を決める。謹慎から復帰した司馬懿に気をつけるようにと諸葛亮から忠告を受けていたが、油断していたところを司馬懿に攻められて命を落とした。

関羽の死にも関与した世渡り上手の将

英雄トリビア：処世術には優れていた変わり種の将？

裏切りを重ねた孟達だが、よほど世渡りが上手かったのか、魏時代の孟達は曹丕のお気に入りだったという。だが、曹丕の死後は、周囲の嫉妬からその立場を崩していった。

Illustration: 藤川純一

劉封

関羽を見捨て劉備に罰せられる

字：不詳
生没年：不詳～220年
出身地：長沙郡羅県

武官

- 戦闘：★★★★☆
- 知力：★★☆☆☆
- 運：●●●○○
- 野心：🔥🔥🔥○○

友好武将：劉備
敵対武将：孟達

第1章　蜀　劉封

期待されながらも重い枷を背負った劉備の養子

劉封はもとの名を「寇封」と言い、樊城の県令・劉泌の甥であった。劉泌が劉備を屋敷に招いた際、その堂々たる寇封の姿に劉備が惚れ込み、養子として招き入れ劉封と名を改めた。だが、すでに劉禅が生まれていたために御家騒動の原因になるのではと関羽は不平を漏らしたという。その後、「樊城の戦い」で敗北した関羽が麦城に追い込まれた際、上庸を守っていた劉封と孟達に救援を求めるも劉封はそれを拒否。結果的に関羽は敗死し、さらには裏切った孟達の追討任務にも失敗。その責任を取らされて斬首となった。

英雄トリビア

跡目争いの芽を潰された可能性

正史では劉封が劉備の養子として迎えられる際、劉禅は生まれていなかった。劉禅の才覚では劉封を御せない可能性が高いことも、劉封が処刑された要因とされている。

Illustration：磯部泰久

蜀滅亡を加速させた劉備の愚息

劉禅（りゅうぜん）

| 君主 | 軍師 | 武官 | 文官 |

- 字：公嗣
- 生没年：207年〜271年
- 出身地：南陽郡

第1章　蜀　劉禅

- 戦闘
- 知力
- 運
- 野心

友好武将：諸葛亮
敵対武将：司馬昭

幼名は阿斗。赤子のころに趙雲の懐に抱かれて「長坂の戦い」を生き延びたが、有能な人物には育たなかった。劉備が死に際に「劉禅が跡取りとして相応しくないのなら諸葛亮が自分の跡を継いでほしい」と言うほどである。だが、諸葛亮は劉備への仁義を守り、劉禅をよく補佐した。だが、諸葛亮が死ぬと宦官の誘いに乗って国政を蔑ろにし、贅沢三昧の生活にふけり、姜維は強引に北伐を推し進めたために国が疲弊。鄧艾が成都に迫るとすぐに降伏して蜀は滅びた。その後は洛陽に移送され、余生を穏やかに過ごしたという。

劉備の後継者だが父のような人格は築けず

英雄トリビア　蜀が滅んだのちのあり得ないひと言

蜀滅亡後に開催された宴会で蜀の曲が演奏された際、司馬昭が劉禅に対し「故郷を思い出されますか？」と尋ねた。劉禅は無邪気に「今の方が楽しい」と返したという。

Illustration：日田慶治

呉蘭（ごらん）

勝ち戦で曹操の息子に討ち取られる

君主 / 軍師 / **武官** / 文官

- 字：不詳
- 生没年：不詳〜218年
- 出身地：不詳

- 戦闘：★★★★☆
- 知力：★★☆☆☆
- 運：★★★☆☆
- 野心：★★★☆☆

友好武将：劉璋、雷銅
敵対武将：曹洪

第1章　蜀　呉蘭

劉璋、劉備のもとで堅実に活躍するも剛勇に討たれる

　呉蘭は、もとは劉璋配下の武将である。劉備軍が、劉璝や張任らが守る雒城を攻めた際、劉璋は援軍として呉懿を派遣。呉蘭はその呉懿の軍の副将を務めていた。この戦いでは雷銅とともに黄忠や魏延を撃退するなど奮戦したものの、深追いをしすぎて退路を絶たれ敗北。降伏してそのまま劉備の配下となった。その後は漢中攻略時に馬超の部下として参戦。曹操の子、曹彰の軍を迎撃するために出撃した。全軍としては曹操を撤退させることに成功したが、呉蘭自身は曹彰との一騎討ちで討ち取られてしまった。

英雄トリビア：呉蘭を討ち取った曹彰とは？

曹彰は曹操の四男で、猛獣を相手に素手で戦えるほどの蛮勇を誇り、異民族との戦いで活躍した。ただ、あまりにも強すぎたため、兄の曹丕からは警戒されていたという。

Illustration: 佐藤仁彦

張郃を撃退した張飛の副将

雷銅

君主	軍師	武官	文官
		●	

字　不詳
生没年　不詳〜218年
出身地　不詳

戦闘　★★★★☆
知力　★★☆☆☆
運　●●●●○
野心　🔥🔥🔥🔥○

第1章　蜀　雷銅

友好武将：呉蘭、張飛
敵対武将：張郃、曹洪

雷銅は、もとは劉璋配下の武将である。劉備軍が雒城を攻めた際、防衛のために劉璝や張任らとともに雒城に派遣されて戦った。苦戦を強いられながらも龐統を討ち取るなど奮戦したが、呉蘭とともに黄忠や魏延と戦った際、深追いをしすぎて退路を絶たれて敗北し降伏。そのまま劉備配下の将となる。その後は漢中での戦いの際に張飛の副将につき巴西を守っていたが、張郃が攻めてきたため迎撃。戦いを優位に運び、逃げた張郃を追撃するも、それが罠だったのか伏兵に遭遇。挟撃される形となり張郃に討ち取られた。

勝ち戦で調子に乗り2度目の失敗で命を落とす

英雄トリビア　本当は最初から劉備の配下であった

正史における雷銅は、最初から劉備の配下。漢中へ攻め込んだ際に呉蘭とともに武都郡へ侵攻し、そこで曹洪軍と遭遇して軍は全滅。雷銅は呉蘭とともに敗死している。

Illustration: 日田慶治

馬岱

従兄弟の馬超に劣らぬ勇猛さを見せる

字	不詳
生没年	不詳
出身地	扶風郡茂陵県

武官

- 戦闘: ★★★★☆
- 知力: ★★★☆☆
- 運: ★★★★☆
- 野心: 🔥🔥🔥

友好武将: 馬超、諸葛亮
敵対武将: 魏延

第1章 蜀 馬岱

馬超の陰に隠れがちだが後年は大活躍

馬岱は馬超の従兄弟にあたる人物である。曹操暗殺計画が露見して馬騰が殺害された際、馬騰とともに行動していたが、城外で待機していたために運良く難を逃れた。その後は馬超とともに行動し、「潼関の戦い」で敗北したのちに張魯のもとを経て劉備傘下へ。ここまでは馬超の影に隠れる存在だったが、劉備軍では個別の活躍が目立つようになり、南蛮征伐では忙牙長を討ち取る。諸葛亮の信任を得た馬岱は、いずれ魏延が裏切るであろうことを聞かされ、その時が来た際には魏延を殺し、反乱を未然に防いだ。

英雄トリビア 諸葛亮が馬岱と講じた策

かねてから魏延の忠誠を疑う諸葛亮は、馬岱を魏延の配下につけて見張らせていた。馬岱は魏延に同調するふりを見せ、彼が反乱すると即座に背後から斬りつけて殺害した。

Illustration: 月岡ケル

演義と正史では評価が正反対

張嶷（ちょうぎょく）

- 字： 伯岐
- 生没年： 不詳〜254年
- 出身地： 巴郡南充県

区分： 武官

戦闘 ★★★★☆
知力 ★★★☆
運 ★★★★☆
野心 ★★☆☆☆

友好武将： 劉備／姜維
敵対武将： 祝融／王双

第1章 蜀 張嶷

有能な部分は描かれなかった悲運の将

張嶷は南蛮遠征で初登場した武将で、祝融に一騎討ちを挑んで敗北を喫している。その後は北伐に従軍し、王双とも一騎討ちを繰り広げたが、またしても敗北し重傷を負う。そして最期は追い込まれた姜維を守るため、敵に突撃を敢行。大量の矢を受けて戦死した。このように演義ではあまり良いところのない張嶷だが、正史では異民族の討伐および統治に尽力。善政を敷いたことで民に慕われ、彼が蜀に帰還する際には多くの異民族が張嶷に従って蜀に入ったほどだった。なお、演義ではそれは諸葛亮の手柄となっている。

英雄トリビア
新参の将ながらも山賊退治でスピード出世

正史の張嶷は列伝が存在するほど、勇猛で有能な将とされている。入蜀後の劉備に新参として仕え、山賊退治で功績をあげて軍の中核へ入り込んでいった。

Illustration: 佐藤仁彦

関羽の跡を継ぎ蜀の主力となる

関興

- 字：安国
- 生没年：不詳～234年
- 出身地：河東郡解県

区分：武官

- 戦闘：★★★★☆
- 知力：★★☆☆☆
- 運：●●●●○
- 野心：🔥🔥🔥

友好武将：劉備・張苞
敵対武将：潘璋

第1章 蜀 関興

関羽亡きあとの蜀の主力となった若き猛将

関羽の実子・関興は、関羽と関平が麦城にて非業の死を遂げたのちに登場し、父の仇を討つために奔走する姿が描かれている。関興は劉備が仇討ちにと呉に軍を向けた「夷陵の戦い」に従軍。父の使っていた青龍偃月刀を持つ潘璋を見つけて仇と認識。劣勢となった潘璋は踵を返して逃げ出したが、その前に関羽の亡霊が立ち塞がって退路を妨げ、引き返してきたところで関興が一刀のもとに斬り伏せて仇を討ったという逸話も残されている。その後、関興は北伐などに参戦し、蜀の主力として長いあいだ活躍した。

英雄トリビア

正史よりも長生きした関羽の実子

正史における関興は、じつは演義よりも10年以上前に死去している。人気の高い武将・関羽の息子ということで、演義では長く活躍させたのだろう。

Illustration: 池田正輝

張苞（ちょうほう）

父と同様の剛勇ぶりを発揮

字	不詳
生没年	不詳
出身地	不詳

分類：武官

第1章　蜀　張苞

戦闘：★★★★
知力：★★★
運：★★★★
野心：🔥🔥

友好武将：劉備、関興
敵対武将：孫権

関羽の仇討ちのために呉を攻める決意を固めた劉備だったが、范彊と張達の裏切りにより張飛をも失ってしまう。失意の劉備の前に現れたのが、張飛の子・張苞であった。劉備同様、仇討ちに燃える張苞は、呉へ逃げた范彊と張達を討つために「夷陵の戦い」に参戦。また、この戦いには関羽の仇討ちを狙う関興も従軍。両者は競い合うように功をあげ、劉備があいだに入る形で義兄弟の契りを結ぶこととなった。その後、張苞は軍の中核を担う将に成長。だが、武都攻略の際に運悪く落馬し、その傷がもとで亡くなった。

関羽の子・関興と義兄弟になりともに蜀の中核を担う将に

英雄トリビア
雄々しき虎の子は虎として成長する

「夷陵の戦い」で張苞は獅子奮迅の活躍を見せ、呉の将軍である韓当や周泰を撃退した。このことを知った劉備はおおいに喜び「虎からは決して犬は生まれない」と感嘆しきりだったという。

Illustration: 月岡ケル

劉備軍の名外交官

孫乾

- 字: 公祐
- 生没年: 不詳
- 出身地: 北海郡

区分: 文官

戦闘: ★★★★☆
知力: ★★★★☆
運: ★★★☆☆
野心: ★★☆☆☆

友好武将: 劉備、糜竺
敵対武将: 曹操

第1章 蜀 孫乾

かつての主に頼まれ生涯をかけて劉備をサポート

陶謙が徐州の州牧の座を劉備に譲り渡す際、死の直前に「よく補佐するように」と劉備に仕えさせた人物が孫乾である。孫乾は識者の少ない劉備軍のなかで国内外の安定化に奔走し、特に外交官として高い手腕を発揮。名家として名高い袁紹との同盟を結ぶことに成功している。呂布に州牧を奪われたのちも劉備と行動をともにし、正史によると劉備が入蜀したあとに死去したとされている。長き流浪の果てに、ようやく主が安住の地を得た姿を見られたのだから、満足な死を迎えられたのではないだろうか。

英雄トリビア: 劉備との絆を感じさせるエピソード

劉備が孫夫人と結婚した際、孫乾が媒酌人を務めたとの逸話も残されている。長い付き合いだけに劉備と孫乾は深い絆で結ばれていたことを伺わせる。

Illustration: 佐藤仁彦

曹操からも高い評価を得た政治家

麋竺

字	子仲
生没年	不詳〜220年
出身地	東海郡朐県

第1章 蜀 麋竺

- 戦闘
- 知力
- 運
- 野心

友好武将: 孫乾、簡雍
敵対武将: 曹操、呂布

富豪の座を捨てて劉備とともに苦楽の道を進む

麋竺は先祖代々裕福な家に生まれた。陶謙から徐州を譲られるも、呂布の裏切りにあって城を追われた劉備。そのピンチに、財政的なサポートを申し出たのが劉備と麋竺の最初の関わりだ。このとき麋竺は妹を劉備の妻にすすめたほか、2000人の使用人と金銀貨幣を与えた。軍を率いて戦うといった派手なエピソードはないが、政治的な手腕は高く、曹操もそれを評価して嬴郡太守の地位を与えた。だが、劉備が曹操と袂を分かつと、その座を放棄して劉備に追従し、生涯苦楽をともにする道を歩んだ。

英雄トリビア 麋竺の不思議なエピソード

麋竺は天の遣いを名乗る女性に遭遇。自宅が火事に見舞われると忠告された。その予言の通り麋竺は火事で家を失ったが、家財道具を運び出し、被害を最小限にとどめたという。

Illustration:月岡ケル

抜き出た人物「白眉」の語源 馬良(ばりょう)

文官
字 季常
生没年 187年〜222年　出身地 襄陽郡宜城県

　伊籍に紹介されて劉備配下に加わった襄陽の名家・馬氏五兄弟のひとりで、最も優秀とされていた。眉毛が白髪交じりだったことから「馬氏五兄弟、白眉最も良し」と言われており、優れた人物を指す「白眉」の語源となった。

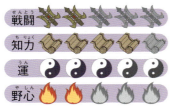

Illustration: 日田慶治

第1章　蜀

馬良／伊籍

劉備の見識の深さに感嘆した 伊籍(いせき)

文官
字 機伯
生没年 不詳　出身地 山陽郡

　もとは劉表に仕えていた人物で、劉備の馬が災いをもたらす「的盧」であると忠告。だが、人の生き死には運命が決めるものだと返され感服。以降、劉備と交流するようになり、劉表が亡くなったあと、正式にその傘下に加わった。

Illustration: よじろー

45

命を懸けて呉との国交を回復 鄧芝

字 伯苗
文官
生没年 不詳～251年　出身地 南陽郡新野県

劉備没後、魏の司馬懿が本格的に蜀侵攻を開始。その防衛のために呉との国交を回復するべく、使者として白羽の矢が立てられたのが鄧芝である。鄧芝は脅しを見せる孫権の前で堂々とした態度を取って感服させ、同盟締結を成功させた。

- 戦闘
- 知力
- 運
- 野心

Illustration: よじろー

魏延の反乱を分析した 董允

字 休昭
文官
生没年 不詳～246年　出身地 何郡枝江県

董允は劉璋に仕えていたが、劉備入蜀後はその傘下に加わり、蜀の内政を担当した。諸葛亮が亡くなり、魏延が謀反を起こした際、「魏延は諸葛亮を恐れていたからこれまで事を起こさなかった」と冷静に語ったという。

- 戦闘
- 知力
- 運
- 野心

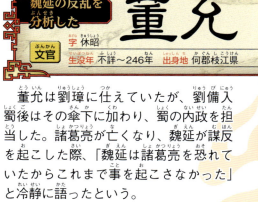

Illustration: 中山けーしょー

諸葛瞻

蜀に殉じた諸葛亮の子

軍師

字 思遠
生没年 227年〜263年
出身地 琅邪郡陽都県

諸葛瞻は諸葛亮の息子である。鄧艾が成都に迫った際、それを迎撃するために出陣。諸葛亮が司馬懿に対してそうしたように、木像を見せて敵を動揺させ1度は撤退させたが、鄧艾の策により追い込まれ、進退窮まって自害した。

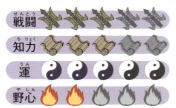

Illustration: 日田慶治

関索

突然消えた関羽の三男

武官

字 不詳
生没年 不詳
出身地 河東郡解県

関羽の三男として南蛮遠征時に登場した関索。阿会喃や董荼那を捕縛し、孟獲を捕らえるのにひと役買う。だが、孟獲を4度捕らえた際に忽然と姿を消した。なお、関羽仇討ちの「夷陵の戦い」のときには傷を負っており療養中だった。

Illustration: 藤川純一

第1章 蜀

諸葛瞻／関索

三国志コラム1
諸葛亮の逸話

稀代の名軍師と呼ばれるワケ

第1章 三国志コラム ①諸葛亮の逸話

天才と呼ばれた諸葛亮

蜀の軍師である諸葛亮。三国志に登場する軍師のなかで最も有名な人物だ。その最大の理由は、数々の逸話を残していること。ここでは死んでまで影響力を残したとされる諸葛亮の逸話を紹介する。

三顧の礼

劉備が諸葛亮を仲間にするため彼の家を訪れた。しかし、1、2回目は留守。3回目でようやく出会えたものの、諸葛亮が昼寝中だったため、劉備は起きるのを外でじっと待った。目覚めてそれを知った諸葛亮は、身分に関係なく待つ劉備の器の大きさを知り劉備に仕えた。

劉備
一緒に向かった張飛は何度訪れても不在の諸葛亮に怒ったが、劉備はそれをたしなめたとか。

10万本の矢

呉の軍師である周瑜が、諸葛亮に「10日で矢を10万本集めよ」と命令した。諸葛亮はそれに対し、「3日で用意する」と豪語。その後、枯草を乗せた船を曹操の陣に近づけ、大量の矢をあえて撃たせた。その後、矢だらけの船を回収し、まんまと10万本の矢を手に入れたのだ。

周瑜
周瑜は到底無理なことを諸葛亮に指示したが、それを成し遂げてからは尊敬するようになった。

7度捕らえて7度放つ

諸葛亮が南征をしたとき、南中を治める孟獲と戦う。戦いは終始、諸葛亮が有利だったが、孟獲を捕らえるたびに逃がし、それを7度も繰り返した。その後、またも捕らえて逃そうとしたとき、孟獲は観念し「我ら南中は2度と背かない」と誓い、配下とともに仲間になった。相手の心を落とすことに成功したのだ。

孟獲

孟獲は、諸葛亮に捕らえられた初めのうちは、「次は絶対に勝つ」と自信満々に答えていたとか。

泣いて馬謖を斬る

「街亭の戦い」で軍の命令に従わず、全軍を撤退に追い込んだ原因を作った馬謖。そんな彼に対して、諸葛亮は厳罰を下した。そもそも馬謖は諸葛亮が見出し、弟子のように可愛がっていた人物。しかし、「情に流されて罪を問わなければ、国を揺るがしかねない」という理由で、泣く泣く自ら処分を下したのだ。

馬謖

南征の際、諸葛亮に「南方の敵を平定するには武器ではなく心の戦いが必要だ」と進言している。

死せる孔明生ける仲達を走らす

「五丈原の戦い」で蜀軍が撤退し、諸葛亮の死を察知した司馬懿はすぐに追撃に向かった。しかし、敵が諸葛亮の木彫りを持って反撃。その姿を見た司馬懿は「諸葛亮の罠では?」と疑い、追撃を中止した。結果、蜀軍は無事に撤退したため、人々は「死せる孔明、生ける仲達を走らす」と諸葛亮を賞賛した。

司馬懿

諸葛亮と何度も戦った司馬懿。祁山侵攻では何度も攻め込む諸葛亮の攻撃を見事にしのいでいる。

第1章 三国志コラム ① 諸葛亮の逸話

魏【ぎ】

乱世の奸雄 曹操が築いた三国志最大の勢力

魏の勢力図

魏の礎を築いた曹操はもともと後漢の役人だった。しかし漢王朝の実権を握って好き勝手に振る舞う董卓に怒り、暗殺を試みるも失敗。この一件で役人を辞めた曹操は、189年に義勇兵を募り独立勢力になると、宿敵・董卓に対抗したほか、各地の群雄も制圧。やがて献帝からの要請で皇帝の守護を任されると、その地位を利用してさらに勢力を拡大し、216年には魏王を名乗るまでになる。さらに、曹操の後継者の曹丕は献帝から皇帝の座を奪い、魏の建国を宣言。ここに漢王朝は滅亡し、曹丕は魏の初代皇帝となった。

興亡のキーとなった3つの事件

袁紹を撃破して領土を拡大

200年の「官渡の戦い」において、列強の袁紹軍に大勝。続く「倉亭の戦い」でも袁紹軍を撃破したことで、曹操軍の領土は大きく広がり、覇権争いの中心に躍り出た。

関連する人物
曹操（P.51）
袁紹（P.137）

「赤壁の戦い」でまさかの大敗

208年に大軍を率いて劉備・孫権の連合軍と戦うも、諸葛亮の奇策の前に大敗。この敗戦により、時代は魏呉蜀が互いに牽制し合う三国時代へと突入する。

関連する人物
劉備（P.13）
孫権（P.89）

司馬懿の反旗で実権を奪われる

三国時代に突入してから約30年後の249年、重臣・司馬懿のクーデターにより、魏の実権を司馬一族に奪われる。これが、その後の晋の建国へと繋がっていく。

関連する人物
司馬懿（P.68）
司馬師（P.185）

治世の能臣、乱世の奸雄

曹操（そうそう）

君主｜軍師｜武官｜文官

- 字：孟徳
- 生没年：155年〜220年
- 出身地：沛国譙県

- 戦闘：★★★★★
- 知力：★★★★☆
- 運：☆☆☆☆☆
- 野心：🔥🔥🔥🔥🔥

友好武将：夏侯惇、夏侯淵
敵対武将：劉備、袁紹

第1章　魏　曹操

政治や戦略だけでなく詩や歌でも才能を発揮

三国最大の勢力である魏国の基礎を築いた英雄。劉備最大のライバルであり、演義では仁徳で世を治めようとする劉備に対し、武力と謀略を駆使して天下統一を目指す奸雄として描かれている。軍事、政治、学問などあらゆる分野に秀でた人物で、彼の行った軍政両面でのさまざまな改革は後世にも大きな影響を残した。弱小勢力から、陶謙、呂布、袁紹といった名だたる将まで次々と撃破し、一大勢力を築くも、208年の「赤壁の戦い」で劉備・孫権連合軍に大敗。天下統一の夢を果たすことなく220年に病死した。

英雄トリビア：君主としてだけでなく軍事学者としても優秀だった曹操

曹操は優秀な軍事学者でもあり、兵書『孫子』を現在に残る13篇に編纂した人物として有名。曹操の編纂したこの書は『魏武註孫子』として後世に伝わることになる。

Illustration: 誉

曹操の片腕を担った隻眼の将
夏侯惇（かこうとん）

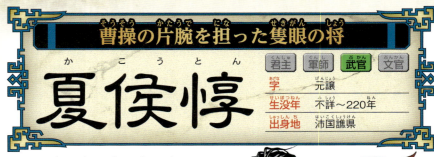

| 君主 | 軍師 | **武官** | 文官 |

- 字：元譲
- 生没年：不詳〜220年
- 出身地：沛国譙県

第1章　魏

夏侯惇

- 戦闘：★★★★☆
- 知力：★★★☆☆
- 運：★★☆☆☆
- 野心：★★☆☆☆

友好武将：曹操／夏侯淵
敵対武将：関羽／呂布

　曹操軍の初期から従軍する最古参の将のひとり。武勇に優れた猛将で、関羽との一騎討ちを行った際には互角の勝負を繰り広げた。性格は豪胆そのもの。呂布軍との戦いにおいて、左目を矢で射られたことで隻眼となるが、このとき夏侯惇は矢ごと射抜かれた目玉を引き抜くと、「両親から譲り受けた賜物を捨てるわけにはいかない」とそのまま目玉を飲み込んで見せた。曹操からも厚い信頼を寄せられており、曹操が乗る馬車の同乗や寝室の出入りを許されるなど、配下のなかでも特別な存在となっていた。

旗揚げ時から曹操を支えた豪胆無比な猛将

英雄トリビア
気性の激しい猛将である反面、民を思う人格者としての一面も

　気性の激しい猛将として知られる夏侯惇だが、一方で普段は贅沢を嫌う慎ましい生活を好み、余分な私財は民に分け与えるなど、人々を思いやる人物だったとも言われている。

Illustration：虹之彩乃

夏侯惇に勝る実力を持つ猛者

夏侯淵

武官

字：妙才
生没年：不詳〜219年
出身地：沛国譙県

- 戦闘：★★★★☆
- 知力：★★☆☆☆
- 運：★★★★☆
- 野心：★★★☆☆

友好武将：曹操、夏侯惇
敵対武将：黄忠、馬超

第1章　魏　夏侯淵

曹操軍の旗揚げ時から従軍し、勢力拡大に貢献した最古参の将のひとり。曹操軍きっての猛者で、「3日で500里、6日で1000里」と称えられるほどの素早い行軍による奇襲や後方支援を得意とした。また、武芸にも優れ、その実力は「純粋な武力であれば夏侯惇よりも強い」とも評されるほど。非常に優秀な将で、馬超・韓遂らの勢力を壊滅させて涼州を平定するなどの活躍を見せた。しかし、やや慎重さに欠けるところがあり、219年の「定軍山の戦い」では兵が手薄になったところを黄忠に狙われ、戦死した。

曹操軍随一の弓術と巧みな馬術による急襲を得意とする

英雄トリビア

百発百中の腕前を持つ弓の名手

夏侯淵は武芸全般に秀でていたが、特に弓術の実力は一流で、銅雀台の完成を祝した宴の余興では、的に当たった4本の矢の真ん中を射抜く腕前を披露して曹操を喜ばせた。

Illustration: 日田慶治

部下の窮地を救った頼れる指揮官

曹仁

字 子孝
生没年 168年〜223年
出身地 沛国譙県

武官

戦闘 ★★★★☆
知力 ★★★☆☆
運 ☯☯☯☯☆
野心 🔥🔥🔥🔥🔥

友好武将：曹操／牛金
敵対武将：周瑜／関羽

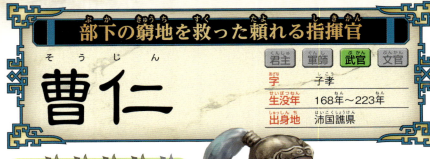

第1章 魏 曹仁

曹操軍の旗揚げ時から従軍する最古参の将のひとり。部下思いの名将で、「南郡の戦い」では呉の周瑜軍に包囲された部下の牛金らを救うため、自ら数十騎を従えて敵軍へ突撃。見事に牛金らを助け出している。また、関羽と戦った「樊城の戦い」ではわずか1000人の軍馬しかないなか、兵を鼓舞して粘り強く城を守り抜き、関羽軍の撃退に成功した。どんな状況でも諦めず、規律を重んじ、しっかりと兵を統率するその姿勢は、曹操の跡継ぎ・曹丕からも高く評価され、諸将の手本になったとされる。

曹操・曹丕の二代にわたって魏国を支える

英雄トリビア
諸葛亮に先んじて「八卦の陣」を用いる

曹仁は軍略家としての心得もあり、新野での劉備軍との戦いでは、諸葛亮も用いた「八卦の陣」を使用。最終的に敗れはしたものの武芸のみの猪武者ではないところを見せた。

Illustration: 月岡ケル

曹操の命を救った義将

曹洪（そうこう）

字	子廉
生没年	不詳〜232年
出身地	沛国譙県

武官

- 戦闘：★★★★☆
- 知力：★★☆☆☆
- 運：★★☆☆☆
- 野心：★★★☆☆

友好武将：曹操／牛金

敵対武将：董卓／曹丕

第1章　魏　曹洪

曹操に忠義を尽くすもケチな性格が災いして曹丕から嫌われる

曹氏一族として旗揚げ時から曹操に仕えた武将のひとり。血気盛んで短気な性格だが、曹操への忠義心は強く、曹操が董卓軍に大敗し、愛馬すらも失って追い詰められたときには自らの馬を差し出し、それに乗って逃げるよう進言。曹操がためらうと「天下に曹洪がいなくとも差し支えないが、君（曹操）がいないわけにはまいりません」と告げ、その思いに打たれた曹操は馬に跨り、無事に追撃を逃れることができた。一方で私欲が強くケチな性格で、それが原因で曹丕から嫌われてしまい1度は失脚している。

英雄トリビア：借金を断ったせいで曹丕に嫌われた曹洪

曹丕は曹洪を嫌っていた。その理由は、かつて曹丕が曹洪に借金を頼んだ際、拒否されたためである。曹丕のこの恨みは深く、自分が帝位に就くと曹洪の官位を剥奪した。

Illustration: 藤川純一

農民から親衛隊に抜擢された豪傑

許褚

字	仲康
生没年	不詳
出身地	沛国譙県

武官

第1章 魏 許褚

戦闘 ★★★★★
知力 ★☆☆☆☆
運 ●●●●●
野心 🔥○○○○

友好武将：曹操／典韋
敵対武将：馬超／張飛

歴戦の豪傑たちと互角の勝負を演じた怪力無双

身の丈8尺（約184cm）、腰まわり10囲（約115cm）という大男。もともとは農民であったが、黄巾賊の頭目である何儀の身柄の引き渡しを巡って典韋と一騎討ちになる。このとき互角の勝負を演じたことで曹操に気に入られ、親衛隊に抜擢された。幾多の豪傑と一騎討ちを演じた猛者で、なかでも馬超との一騎討ちは特に有名だ。お互いに一歩も譲らない激しい打ち合いが続き、互いの槍が折れると、そのまま殴り合いに発展。そうした激闘を繰り広げた結果、勝負がつかず引き分けに終わっている。

英雄トリビア：「虎痴」の愛称で親しまれる

許褚には「虎痴」というあだ名があるが、これは「力が虎のようで、頭が痴（回転が鈍い）」という意味。ただ、単なる荒くれ者ではなく、性格は素直で真面目であったとされる。

Illustration: かみや

剛勇なる親衛隊長

典韋

君主 / 軍師 / **武官** / 文官

- 字：不詳
- 生没年：不詳〜197年
- 出身地：陳留郡己吾県

- 戦闘：★★★★★
- 知力：★★★
- 運：★★★★
- 野心：★★

友好武将：曹操、夏侯惇
敵対武将：呂布

第1章　魏　典韋

古の武将「悪来」の再来と評された豪傑

大きな体格と義侠心を持ち合わせた豪傑。もとは張邈の配下であったが、揉めごとを起こして逃走。その後、夏侯惇に見出され曹操軍に加わる。人並み外れた怪力の持ち主で、呂布軍との戦いでは数十名の部下を従えて奮闘。見事に呂布軍の侵攻を食い止めた。この功績から曹操の親衛隊長に就任するも、197年に張繡の急襲を受けた際に体を張って曹操を守ったことで戦死。その死に様は、全身に数十箇所の傷を負いながらも敵兵を殺し続け、最期は大声で敵を罵倒しながら絶命するという壮絶なものであった。

英雄トリビア：典韋のあだ名である「悪来」の由来は？

典韋は「悪来」とのあだ名があるが、この悪来とは、その昔に怪力で恐れられた武将の名前。典韋を見た曹操が「悪来の再来である」と評したことがその由来である。

Illustration：日田慶治

魏五大将軍の筆頭格

張遼

- 字: 文遠
- 生没年: 165年〜224年
- 出身地: 雁門郡馬邑県

第1章 魏 張遼

- 戦闘: ★★★★
- 知力: ★★★☆
- 運: ★★★★
- 野心: ★★★

友好武将: 曹操、関羽
敵対武将: 孫権、太史慈

敵対関係ながら関羽との深い友情を築く

かつては董卓や呂布の配下であったが、曹操に敗れたことを機にその軍門に降る。知勇兼備の猛将で、「合肥の戦い」では、わずか800の兵で10万の孫権軍に立ち向かい、孫権を捕らえる一歩手前まで追い込むほどの活躍を見せた。また、蜀の関羽とは敵同士ながら深い絆で結ばれており、一時期、曹操の陣営に身を寄せた関羽が劉備のもとへ帰還しようとした際には、これを黙認した。一方の関羽も「赤壁の戦い」で張遼が敗走した際にあえて追撃せず見逃すなど、かつての張遼の恩に報いる行動を見せている。

英雄トリビア
泣く子も黙るほど広く知れわたった張遼の威光

孫権軍を追い詰めた張遼の名は江東にも広く知れわたっており、夜泣きする子も「遼来遼来(張遼が来るぞ)」と言えば必ず泣き止んだ、との逸話が残されている。

Illustration: 三好載克

徐晃 (じょこう)

大斧を振るった無欲の武人

区分: 武官

- 字: 公明
- 生没年: 不詳～228年
- 出身地: 河東郡楊県

能力
- 戦闘: ★★★★☆
- 知力: ★★☆☆☆
- 運: ★★★☆☆
- 野心: ★★☆☆☆

友好武将: 曹操、関羽
敵対武将: 顔良、文醜

第1章 魏 徐晃

私情を捨て友人・関羽と戦った忠義の名将

当初は楊奉に仕えていたが、196年に楊奉軍と曹操軍が衝突した際、許褚と互角の勝負を繰り広げたことで曹操の目にとまり、楊奉が討たれたのちに曹操軍に引き抜かれた。以降、自慢の大斧を握って戦場を駆け抜けた徐晃は、198年に呂布の部下の趙庶らを降伏させ、200年には袁紹の部下の顔良と文醜を撃破。さらに219年には「樊城の戦い」で関羽軍を破るなどおおいに活躍。このとき「関羽殿には昔から世話になっているが、それと戦いは別。私情は挟まぬ」と言い、一騎討ちで関羽を退けている。

英雄トリビア
けっして驕り高ぶらず忠義を尽くした高潔な人物

徐晃は手柄をあげても奢らず、部下には親身に接したことから人望も厚かったとされる。また、関羽とは敵対関係ながらも互いに尊敬しあう仲であったという。

Illustration: 佐藤仁彦

計略に長けた戦のプロ

張郃

字	儁乂
生没年	不詳～231年
出身地	河間郡鄚県

武官

第1章 魏 張郃

- 戦闘
- 知力
- 運
- 野心

 友好武将：曹操／夏侯淵
 敵対武将：諸葛亮／馬超

幾多の死線をくぐり抜けた千軍万馬の将

魏の五大将軍のひとり。張遼と互角の一騎討ちを演じたほどの猛者で、最初は韓馥、次に袁紹に仕える。しかし、200年の「官渡の戦い」で嘘の報告を信じて自分を疑った袁紹を見限り、曹操の配下となった。以降は、馬超や韓遂との戦いなどで活躍。また、「定軍山の戦い」では戦死した夏侯淵に代わって混乱する兵士たちをまとめ、劉備軍の侵攻を防ぐなど、優れた統率力を見せた。曹操亡きあとも曹丕、曹叡の二代にわたって魏を支えたが、231年の諸葛亮の「第四次北伐」の際に伏兵の襲撃を受けて戦死した。

英雄トリビア
諸葛亮も恐れた優れた計略家であった張郃

演義では噛ませ犬のような役割が多いが、正史の『魏書』には「計略通りにならないことはない」と記された名将で、かの諸葛亮をも恐れさせたという。

Illustration: かみや

晩節を汚した名将

于禁（うきん）

字	文則
生没年	不詳～221年
出身地	泰山郡鉅平県

分類：武官

- 戦闘：★★★★☆
- 知力：★★☆☆☆
- 運：★★★★☆
- 野心：★★★☆☆

友好武将：曹操、楽進

敵対武将：呂布、関羽

第1章　魏　于禁

命乞いの恥により「情けない武将」との烙印を押される

魏の五大将軍のひとり。当初は鮑信に従っていたが、鮑信が戦死した192年から曹操の配下に加わった。以後、于禁は呂布の討伐や袁紹との戦いなどで大活躍し、曹操からも厚い信頼を得る。しかし、関羽に敗れた際、惨めな命乞いを行ったことでその評価は急落。この于禁の行動を知った曹操はおおいに失望したという。捕虜となった于禁は曹操の死後に解放されたが、亡き君主の墓に向かうと、そこには関羽に命乞いする己の姿が描かれており、これを見た于禁はショックを受け、翌年に死亡してしまった。

英雄トリビア

軍律に厳しい人物としても知られる

旧友である昌豨の反乱鎮圧の際、于禁は「包囲されてからの降伏は死刑」という軍律に従い彼を斬殺。周囲は冷酷と非難したが、曹操だけは軍律を守った于禁を褒め称えた。

Illustration: 日田慶治

楽進

剛毅果断な斬り込み隊長

- 字: 文謙
- 生没年: 不詳〜218年
- 出身地: 陽平郡衛国県

第1章 魏 楽進

- 戦闘: ★★★★★
- 知力: ★★
- 運: ☯☯☯
- 野心: 🔥🔥🔥

友好武将: 曹操

敵対武将: 甘寧／郭図

魏の五大将軍のひとりで、190年の董卓討伐のときに曹操軍へ加わった最古参の将。小柄な体格であったが、性格は勇猛で、いずれの戦いにおいても先陣を切って手柄を立てる一番槍であった。また、弓術が得意で、194年には濮陽で呂布配下の成廉を、205年の「南皮の戦い」では郭図を射殺する腕前を見せた。仲間の張遼・李典とは仲が悪かったが、呉の孫権軍が10万の大軍で攻め入った「合肥の戦い」では互いに協力し合い、わずか7000の兵で撃退に成功。これらの功績により、のちに右将軍へと昇進している。

不仲の張遼らと協力し合い孫権軍10万を撃退

英雄トリビア

演義では「濡須口の戦い」以降登場せず

演義では、217年の「濡須口の戦い」で甘寧に額を射られて退散して以降は登場シーンがない。ただ、正史によれば218年に病死したとの記述がある。

Illustration: 磯部泰久

状況を冷静に見極める知将

李典(りてん)

字	曼成
生没年	不詳
出身地	山陽郡鉅野県

君主 / 軍師 / 武官 / 文官 — 武官

- 戦闘: ★★★★☆
- 知力: ★★★★☆
- 運: ★★★★☆
- 野心: ★★☆☆☆

友好武将

曹操 / 夏侯惇

敵対武将

孫権 / 劉備

第1章 魏 李典(りてん)

敵の策を見抜き的確な進言を行う頼れる武官

曹操軍の旗揚げ時から加わった最古参の将のひとり。敵の策を冷静に見抜く頭脳派の武将で、207年の「博望坡の戦い」では、劉備軍の不自然な撤退が罠と見抜き、夏侯惇に追撃しないよう進言した。夏侯惇はこれを聞き入れず深追いしたため、諸葛亮の火計に遭い大敗したが、これを聞いた曹操は敵の策を見抜いた李典を称賛したという。また、209年の「合肥の戦い」では不仲であった張遼と楽進を説得して協力。宋謙や太史慈を討ち取り、孫権軍10万を撃退するという大勝利の立役者となった。

英雄トリビア
武官でありながら武芸よりも学問を好む

李典は幼いころから学問を好み、『春秋左氏伝』をはじめとした多くの書籍を読み漁っていた。また、部下にも謙虚に接するなど、誠実な人柄であったとされる。

Illustration: 月岡ケル

曹操軍の頭脳となった王佐の才

荀彧

字	文若
生没年	163年～212年
出身地	潁川郡潁陰県

第1章　魏　荀彧

戦闘 ★★☆☆☆
知力 ★★★★★
運　 ●●●●○
野心 🔥🔥☆☆☆

友好武将：曹操／荀攸
敵対武将：袁紹／呂布

後漢の政治家・何顒から「王者を補佐する才能がある」と言われた俊才。初めは袁紹に仕えるが、「袁紹は大事を成し遂げられる人物ではない」と見限り、曹操のもとへ身を移す。知略に優れ、曹操の留守中に陳宮と張邈が謀反を起こして呂布を迎え入れた際には、これをいち早く察知。曹操が帰還するまで呂布軍の攻撃を耐え抜いた。その後も曹操に的確な助言をし、勝利をもたらしたが、漢王室復興を願ったことから新王朝樹立を目指す曹操と意見が対立。最期は自害を余儀なくされてしまった。

曹操軍の拡大に貢献するも意見の違いから自害する

英雄トリビア
「二虎競食の計」「駆虎呑狼の計」といった奇計を編み出す

荀彧は政治状況を踏まえた策が得意で、劉備と呂布が結託しそうになったときは「二虎競食の計」「駆虎呑狼の計」といった計を用いて、両者を争わせた（P.114）。

Illustration: 月岡ケル

夭逝が惜しまれた稀代の天才

郭嘉 (かくか)

字	奉孝
生没年	170年〜207年
出身地	潁川郡陽翟県

区分: 軍師

- 戦闘: ★★★★☆
- 知力: ★★★★★
- 運: ●●●●○
- 野心: 🔥🔥🔥🔥○

友好武将: 曹操、程昱
敵対武将: 袁紹、劉備

第1章 魏 郭嘉

戦況の行方を寸分違わず的中させた戦場の予言者

的確な進言で曹操に幾多の勝利を呼び込んだ天才軍師。初めは袁紹に仕えようとしたが、袁紹と面会した郭嘉は「英雄の器ではない」と判断。その後、程昱のすすめで曹操と出会い、その器の大きさに感動して曹操に仕える。未来を見通す先見の明に優れた人物で、袁紹が攻めてこないことを見抜いて劉備軍の討伐を進言し、関羽を捕らえることに成功した。ほかにも、袁紹の死後に相手が仲間割れを起こすことを予見して、曹操軍に大勝をもたらしたりと、その助言は百発百中とも言える脅威の的中率を誇った。

英雄トリビア

郭嘉が生きていれば歴史は大きく変わっていた？

曹操が絶大な信頼を寄せた郭嘉だが、207年に38歳で病死。翌年の「赤壁の戦い」で大敗した際、曹操は思わず「郭嘉がいれば負けなかっただろう」とつぶやいたという。

Illustration: 日田慶治

程昱 (ていいく)

隙を見逃さない不動心の智謀

- 字: 仲徳
- 生没年: 不詳
- 出身地: 東郡東阿県

区分: 軍師

戦闘	★★★☆☆
知力	★★★★☆
運	★★★☆☆
野心	★★★★☆

友好武将: 曹操、郭嘉
敵対武将: 袁紹、劉備

冷静沈着な計略で曹操からも手厚い待遇を得る

荀彧とともに曹操軍を初期から支えた名参謀。もともとは山にこもって学問に没頭していたが、荀彧に推挙され曹操に仕えるようになる。程昱の策は多岐にわたるが、なかでも袁紹との「倉亭の戦い」で用いた「十面埋伏の計」は有名。相手をおびき出し、10部隊の伏兵で撃破するこの計により曹操軍は袁紹軍に大勝し、冀州平定に成功した。なお、演義では212年の「濡須口の戦い」を最後にその姿を消しているが、正史や別伝によれば、曹操の死後も活躍を続けて、曹丕からも重用され、80歳まで生きたという。

英雄トリビア

本名は「程立」だが曹操の提案で改名

程昱の本名は「程立」だが、若いころに太陽を捧げる夢を見たことがあり、これを聞いた曹操が「日」を加えるよう提案し、「程昱」と名乗るようになったという。

Illustration: 中山けーしょー

因縁を越えて曹操軍に加入

賈詡 (か く)

- 君主 / **軍師** / 武官 / 文官
- 字：文和 (ぶんわ)
- 生没年：147年～223年
- 出身地：武威郡姑臧県

戦闘：★★★★☆
知力：★★★★★
運：★★★★☆
野心：🔥🔥🔥☆☆

友好武将：曹操
敵対武将：馬超、韓遂

第1章　魏　賈詡 (かく)

「離間の計」で馬超・韓遂軍を撃破した狡猾な策士

董卓、李傕、張繡といった君主のもとを渡り歩いた歴戦の軍師。張繡の配下のときは、計略を用いて曹操の長男・曹昂を討ち取っている。曹操にとっては怨敵と言える賈詡だが、「官渡の戦い」の際に張繡に曹操の下につくよう進言し、自らも曹操の配下となった。賈詡が用いた計略では「離間の計」が有名。西涼で馬超と韓遂が挙兵すると、賈詡は韓遂に一部を墨で塗りつぶした手紙を送る。この手紙を見た馬超は「韓遂は曹操と通じているのでは」と疑い、両者の信頼関係を崩すことに成功した。

英雄トリビア：後継者で悩む曹操に助言を与える

曹操が自身の後継者について悩んでいた際、賈詡は袁紹と劉表が長子以外を後継者にして衰退したことを指摘。結果、曹操は嫡子の曹丕を太子にしたという。

Illustration: 磯部泰久

諸葛亮の最大のライバル

司馬懿（しばい）

- 字: 仲達
- 生没年: 179年～251年
- 出身地: 河内郡温県

軍師

第1章 魏 司馬懿

戦闘: ★★★★☆
知力: ★★★★★
運: ◐◐◐◐◑
野心: 🔥🔥🔥🔥🔥

友好武将: 曹叡、司馬昭
敵対武将: 諸葛亮、劉禅

野心を燃やして魏を支配した三国最後の覇者

諸葛亮の最大のライバルとして、幾多の戦いを繰り広げた魏の大軍師。もともと曹操に仕える気はなかったが、聡明な人物との評判を聞きつけた曹操により、なかば強引に配下に加えられる。非常に優秀な軍師であり、関羽に樊城を包囲されて曹操が戦意を喪失した際、司馬懿は呉との同盟を進言。結果、孫権軍に背後をつかせて、関羽を討つことに成功し、曹操の窮地を救った。曹操亡きあとは魏の軍事の中心となり、蜀の諸葛亮と対決。諸葛亮の計略に苦しめられるも、その侵攻をしのぎきり、魏の発展に尽くした。

英雄トリビア：クーデターを起こして魏の実権を握る

魏の中核となった司馬懿は、249年の曹芳の時代にクーデターを敢行。魏国の覇権を握ることに成功し、これが司馬氏一族による晋国樹立へと繋がっていく。

Illustration: 佐藤仁彦

満寵

不正を許さない正義の文官

字　伯寧
生没年　不詳〜242年
出身地　山陽郡昌邑県

区分: 文官

- 戦闘: ★★★★☆
- 知力: ★★★★☆
- 運: ★★★☆☆
- 野心: ★★☆☆☆

友好武将: 曹操、曹丕
敵対武将: 孫権、陸遜

第1章　魏　満寵

192年に曹操に仕え、文官ながら軍事にも才能を発揮した。演義ではあまり目立った活躍はないが、曹操の信頼は厚く、「赤壁の戦い」後は要所である当陽に駐屯。曹丕の即位後は揚武将軍に任命され、225年からは呉討伐諸軍の先鋒となった。そこから幾度となく孫権軍の侵攻を防ぎ、228年には曹休に代わって都督揚州諸軍事に就任。その後も夜襲の迎撃や呉将の虚偽の投降を見破るなど、呉軍に対する防壁となった。そして太尉に昇進後の242年、70歳なかばという三国武将としては大往生と言える年齢で死去している。

孫権の侵攻を防ぎ続けた敏腕能吏

英雄トリビア　権力者にも屈せず、毅然とした態度で不正を取り締まる

満寵は規律を遵守する人物として知られ、曹一族の人間が法を犯した際にも立場に関係なく処断。その仕事ぶりには曹操も「事の処理はこうあるべきだ」と称賛した。

Illustration: 日田慶治

4人の主に仕えた誇り高き豪傑

龐徳

|君主|軍師|**武官**|文官|

- 字: 令明
- 生没年: 不詳〜219年
- 出身地: 漢陽郡鷿道県

第1章　魏　龐徳

- 戦闘: ★★★★☆
- 知力: ★★★☆☆
- 運: ●●○○○
- 野心: 🔥🔥○○○

友好武将: 馬騰、曹操
敵対武将: 関羽、周倉

降伏を固持して命を散らせた忠義の士

　最初は馬騰に仕えており、その後は馬超、張魯を経て、曹操の軍門に降る。張魯の配下時代には張郃、夏侯淵、徐晃、許褚といった曹操軍の猛者と互角の勝負を演じたほどの猛将で、樊城での劉備軍との戦いでは、関羽の左腕を射抜く奮闘を見せる。しかし、同僚・于禁との連携が取れず、隙を突いた関羽軍に于禁ともども捕らわれてしまう。降伏を促す関羽を前に于禁は命乞いしたが、龐徳は「忠義を失ってまで生きるつもりはない」とこれを拒否。主君への忠義を貫き、関羽を罵ったまま首をはねられた。

英雄トリビア
裏切りの疑惑を晴らすため自らの棺を担いで出陣

関羽との戦いの際、蜀に兄がいた龐徳は周囲から裏切りを疑われる。すると龐徳は自らの棺を用意し、死の覚悟で関羽を討つ意思を示してその疑念を一掃した。

Illustration: 七片藍

鍾会

野心に駆られた反逆者

- 字: 士季
- 生没年: 225年〜264年
- 出身地: 潁川郡長社県

- 戦闘: ★★★★☆
- 知力: ★★★★★
- 運: ●●●●○
- 野心: 🔥🔥🔥🔥○

友好武将

司馬師 / 姜維

敵対武将

司馬昭 / 諸葛誕

魏の名参謀となるも謀反の末に死す

幼少期から天才と謳われた文官。20歳で魏へ士官すると、参謀として活躍。毌丘倹の反乱では司馬師に従い戦略を担当した。司馬師の死後に弟の司馬昭が全権を引き継ぐと、鍾会もそのまま参謀になった。その後、諸葛誕の反乱鎮圧で武功をあげ、司馬昭から厚い信頼を受けるようになる。263年には剣閣にこもる姜維軍と激突し、これを制圧。蜀を滅亡へと追い込んだ。こののち、鍾会は自らが天下を獲るべく、投降した姜維と結託して謀反を起こす。しかし、司馬昭に鎮圧され、最期は戦死してしまった。

笑雄トリビア
天才と称賛されたが故に自信家だった鍾会

謀反に失敗し命を落とした鍾会だが、昔から自信家な面があり、友人からは「野心がその器量より大きい。慎み深くしないといけない」と忠告されていたという。

第1章 魏 鍾会

Illustration: 月岡ケル

蜀を滅ぼした功労者

鄧艾（とうがい）

字：士載
生没年：不詳〜264年
出身地：義陽郡棘陽県

文官

- 戦闘：★★★★☆
- 知力：★★★★☆
- 運：☆☆☆☆☆
- 野心：🔥🔥

友好武将：司馬懿、司馬師
敵対武将：姜維、劉禅

奇策を用いて蜀を滅亡させた立役者

軍政両面で優れた才能を発揮した三国志末期の名将。当初は屯田を司る役職に就いていたが、司馬懿にその能力を見出され、尚書郎に昇進。運河の整備を提案して成果をあげたほか、毌丘倹の反乱の鎮圧や呉の孫峻の撃退などでも功績をあげる。また、蜀征討でも間道を強行突破するという奇策を用いて綿竹を占領し、成都に圧力を掛けて劉禅を降伏させるという大功をたてた。しかし、その後は独断が目立つようになり、鍾会に「謀反を起こそうとしている」との疑いをかけられ、失脚させられてしまった。

英雄トリビア：司馬懿に見出されたことで歴史に名を残す名将となる

鄧艾は声が出にくかったとされ、それ故に選択できる職が限られていた。しかし、司馬懿は鄧艾の才能を見抜き、尚書郎に抜擢。これに応え、鄧艾も軍政両面で活躍した。

Illustration：菊地鹿人

第1章　魏　鄧艾

漢王朝から帝位を奪い魏皇帝となる

曹丕（そうひ）

君主	軍師 / 武官 / 文官
字	子桓
生没年	187年～226年
出身地	沛国譙県

- 戦闘：★★★★☆
- 知力：★★★★☆
- 運：☯☯☯☯☯
- 野心：🔥🔥🔥🔥◯

友好武将：曹操、司馬懿
敵対武将：劉禅、曹植

第1章　魏　曹丕（そうひ）

安定した治世で魏を繁栄させた初代魏皇帝

　曹操の息子である曹丕は小さいころから英才教育を受け、6歳にして弓術を極め、8歳にして古今の書物の読み書きに通じたとされる。220年に曹操から魏王の座を継ぐと、のちに漢王朝から帝位を奪い、初代魏皇帝となる。漢王朝では宦官が強い権力を持ち、国の腐敗に繋がったことから、曹丕は宦官の昇進に上限を設けてこれを防止。諸葛亮が北伐を行うことができないほどの充実した治世を築く。その一方で冷酷な面もあり、特に後継者争いのライバルだった弟の曹植に対しては、徹底的に冷遇している。

英雄トリビア：治世の名君としてだけでなく文人としても名を残す

　曹丕は優れた文人としても有名で、なかでも『燕歌行』は現存する最古の七言詩として知られ、日本の漢文の教科書でもよく取り上げられている。

Illustration：月岡ケル

墜ちた魏の第二代皇帝

曹叡（そうえい）

| 君主 | 軍師 | 武官 | 文官 |

- 字：元仲
- 生没年：205年～239年
- 出身地：不詳

第1章 魏 曹叡

- 戦闘：★★★★★
- 知力：★★★☆☆
- 運：★★★★☆
- 野心：★★★☆☆

友好武将：曹丕、司馬懿
敵対武将：劉禅、諸葛亮

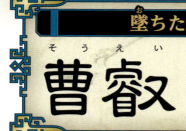

曹丕の息子で、魏の第二代皇帝。国内の反乱が多発する混乱期にあっても国を治め、蜀や呉の侵攻から魏を守った名君だった。しかし、諸葛亮がこの世を去り、脅威が無くなると一変。洛陽宮の大修理や昭陽殿の建築といった無駄な工事を行い、自分は美女を集めて快楽におぼれてしまった。さらに、これに皮肉を言った毛皇后を処刑するなどの暴挙に及ぶ。まさに愚帝といえる振る舞いだが、その因果か、最期は殺害した毛皇后が亡霊として枕元に現れるようになり、これが原因で身体を壊し、そのまま病死した。

諸葛亮の死去から一転 愚帝へと堕落

英雄トリビア
「仁徳の主」と絶賛するも単なる親ばかだった!?

晩年に暴君となった曹叡だが、幼少時は子鹿を狩るのを拒否するほどの優しい性格で、父・曹丕はこれを「我が息子は真に仁徳の主だ」と絶賛したという。

Illustration: 七片藍

自由奔放な天才詩人

曹植（そうしょく）

- 君主
- 軍師
- 武官
- **文官**

字： 子建
生没年： 192年～232年
出身地： 沛国譙県

- 戦闘
- 知力
- 運
- 野心

友好武将： 曹操
敵対武将： 曹丕

第1章　魏　曹植

曹操と卞皇后の第三子で、曹丕の弟。学問に非凡な才能を見せ、10歳前後にして『詩経』や『論語』を読んだ。また、文才や詩才にも優れ、曹植の文章を読んだ曹操が「代筆ではないか」と疑ったほどであった。後継者の有力候補だったが、あまりにも自由奔放な性格であったことから脱落。兄の曹丕が魏王となったあとは、後継者争いの私怨から疎まれ、地方の任を転々とさせられる冷遇を受ける。だが、そんななかでも詩文の創作は熱心に続け、『七歩詩』や『洛神賦』など後世に残る名作を数多く生み出した。

後継者争いに敗れるも詩才に優れ「詩聖」と評される

英雄トリビア
詩文の才能は一流でも君主としての資質に欠ける

曹植は怠惰な面もあり、あるとき酒を飲み過ぎて泥酔し、任務を遂行できないという失態を犯している。「詩聖」と評された曹植だが、君主としての資質は欠けていたようだ。

Illustration: 藤川純一

第1章 魏

曹昂

曹操の命を守った影の救世主

字　子脩
生没年　不詳～197年
出身地　沛国譙県

- 君主
- 軍師
- **武官**
- 文官

戦闘　★★★★★
知力　★★★☆☆
運　　★★★☆☆
野心　★★☆☆☆

友好武将　曹操／典韋
敵対武将　張繡／賈詡

曹操と側室のあいだにできた長男。演義での曹昂の登場シーンは少なく、宛城に駐屯していた際に、張繡に襲われるところが最初で最後の見せ場となる。当時、曹操は自分に恨みを抱く張繡の殺害計画を企てていた。しかし、この計画に気づいた張繡が先手を打ち、曹操が駐屯する宛城への夜襲を決行する。慌てた曹操は馬に乗って逃走を図るも、流れ矢が当たり馬が転倒。この窮地を救ったのが曹昂で、自分の馬を差し出して曹操を逃がす。そして、曹昂自身は敵の矢を浴び、命を落としてしまうのだった。

曹操の危機に自分の馬を譲って討ち死にする

英雄トリビア
曹操の最初の妻である丁夫人に溺愛される

曹昂は実母を早くに亡くしたが、義母の丁夫人に溺愛されており、曹昂の死を知った丁夫人は原因となった曹操に大激怒。離縁を申し出たとの逸話もある。

Illustration: かみや

正史では有能な指揮官

曹真 (そうしん)

- 字: 子丹
- 生没年: 不詳
- 出身地: 不詳

[君主] [軍師] **武官** [文官]

- 戦闘: ★★★★☆
- 知力: ★★★☆☆
- 運: ★★★★☆
- 野心: ★★★☆☆

友好武将: 曹丕、曹叡
敵対武将: 諸葛亮、馬謖

第1章　魏　曹真

連戦連敗の愚将も正史では評価が180度変化

曹操、曹丕、曹叡の三代にわたって仕えた武官。演義では、曹丕が即位した221年に登場し、曹丕の命令を受けて南郡攻略に赴いている。曹叡の即位後は対蜀作戦を担当。同僚の司馬懿に激しいライバル心を燃やしたが、戦場では諸葛亮の計略にことごとくはまり、連戦連敗。挙げ句の果てには諸葛亮の挑発的な手紙に怒り、それで病状を悪化させて死んでしまった。ただし、これは演義での話で、正史では街亭で蜀の馬謖を破り、陳倉では諸葛亮を撃退するなど、有能な指揮官として描かれている。

英雄トリビア: 仲間思いで人望の厚い武将であった

曹真は非常に仲間思いの武将で、戦死した同僚の家族に私財を渡したり、恩賞が少ないときは、兵の戦果を労うため自分の財産を恩賞にあてたりしたとされる。

Illustration: 池田正輝

鉄壁城を築いた陳倉の守護神

郝昭（かくしょう）

字	伯道
生没年	不詳
出身地	隴西郡太原県

武官

- 戦闘 ★★★★★
- 知力 ★★★★☆
- 運 ★★★★☆
- 野心 ★★★☆☆

友好武将：司馬懿／曹叡

敵対武将：諸葛亮／魏延

第1章　魏　郝昭

　魏の武将で、陳倉の守備を強化し、蜀の猛攻から守った人物。堀を深く、塁を高くした陳倉城は難攻不落の要塞で、かの天才軍師・諸葛亮ですらもその攻略には苦戦。諸葛亮の数万にも及ぶ軍勢に対し、郝昭の戦力は数千であったが、的確な指揮で蜀軍の猛攻を防ぎ、ついには撤退へと追い込んだ。だが、郝昭が病に倒れたことで状況は一変。諸葛亮は再び魏延らに城攻めを指示し、絶対的な指揮官を失った陳倉城はあえなく陥落。病床にあった郝昭は城の陥落を知ると気絶し、そのまま死亡してしまった。

完璧な防衛で諸葛亮を退けた知勇兼備の名将

英雄トリビア
諸葛亮に初めて敗北の2文字を刻み込む

　陳倉城で蜀軍を退けた1戦は、諸葛亮が直接指揮を執った戦いとしては初めての敗戦となった。そのため、郝昭の名は益州全土におおいに広まったという。

Illustration：よじろー

奇策を練り続けた軍略家

荀攸(じゅんゆう)

字	公達
生没年	157年～214年
出身地	潁川郡潁陰県

軍師

- 戦闘 ★★☆☆☆
- 知力 ★★★★☆
- 運 ★★★☆☆
- 野心 ★★☆☆☆

友好武将: 曹操、荀彧
敵対武将: 董卓、呂布

獄中生活から一転 曹操に召されて才能を開花させる

荀彧の甥にあたる人物で、最初は何進の配下だった。董卓が実権を握ると、その横暴なやり方に反発。董卓暗殺を企むも、計画が発覚して牢屋に捕らわれてしまう。その後、董卓が死んで釈放されると、1度は帰郷するが、曹操の軍師となっていた荀彧のすすめもあり、曹操に仕えた。曹操の配下となった荀攸は、的確な助言を与える参謀として活躍。幾度となく苦戦した呂布の捕縛を成功させるなどの戦果をあげる。しかし、曹操が魏王になるのを反対したことから曹操の怒りを買い、間もなく病死してしまった。

英雄トリビア：謎に包まれたままの荀攸の奇策

荀攸は全部で12の奇策を練ったとされるが、その全貌は記録が残っておらず謎のまま。優れた軍略家であった荀攸が、一体どのような策を練ったのかじつに興味深いところだ。

第1章 魏 荀攸

Illustration: 池田正輝

劉曄

後漢を見限った名参謀

| 君主 | **軍師** | 武官 | 文官 |

- 字：子揚
- 生没年：不詳
- 出身地：淮南郡成悳県

第1章　魏　劉曄

- 戦闘：★★★☆☆
- 知力：★★★★★
- 運：★★★☆☆
- 野心：★★★☆☆

友好武将：曹操、曹丕
敵対武将：劉備

時流を読む才に優れ早々に漢王室を見限る

後漢の初代皇帝・光武帝の子孫で、王族に連なる名門の出身。漢一族ながらも王族復権の野心を持たず、衰退の一途を辿る漢王室を見限り、いち早く曹操の配下となる。大局を見通す能力に優れ、215年の張魯討伐の際には、険しい道と兵糧不足から撤退を考えた曹操に対し、劉曄は追撃を進言。これに従った曹操は張魯を討つことに成功し、漢中平定を果たした。その後に即位した曹丕からも信頼され、孟達の裏切りや、蜀の呉侵攻を予見するなど的確な進言を行うが、晩年は曹叡に疎まれ、孤独のなかで死亡したとされる。

英雄トリビア
呉の裏切りも見抜いた鋭い洞察力

劉備が呉へ侵攻した際、呉は魏へ臣従を誓ったが、劉曄は「呉はのちに必ず魏に背く」と断言。その言葉通り、劉備を退けたあと、呉は魏へと反旗を翻した。

Illustration: 月岡ケル

冷静沈着な西域の番人

郭淮（かくわい）

字	伯済
生没年	不詳～253年
出身地	太原郡陽曲県

武官

- 戦闘: ★★★★★
- 知力: ★★★★☆
- 運: ●●●○
- 野心: 🔥🔥🔥🔥○

友好武将
曹丕／張郃

敵対武将
諸葛亮／姜維

第1章　魏　郭淮

冷静沈着な魏の武将。曹操の漢中征圧に従軍し、帰還の際、夏侯淵の司馬（軍事などを担当する長官）として漢中に駐屯する。219年の「定軍山の戦い」で夏侯淵は無謀な戦いの末に黄忠に敗れて戦死するが、このとき郭淮はすぐに代わりの指揮官に張郃を指名。兵たちの混乱を食い止め、被害を最小限に抑える働きを見せた。曹丕が即位すると、西域の要所である雍州刺史となるが、北伐に向かった諸葛亮の計略にはまって大敗を喫してしまう。最期は姜維の矢で眉間を射抜かれ、そのまま戦死してしまった。

30年にわたって蜀の北伐を迎え撃つ

英雄トリビア
正史では戦死ではなく病死している

演義では姜維の矢で戦死したことになっている郭淮だが、正史では「病死した」とされ、その没年も演義よりもあとの255年となっている。

Illustration: 磯部泰久

蜀に渡った夏侯氏の末裔

夏侯覇(かこうは)

字	仲権
生没年	不詳
出身地	沛国譙県

区分：武官

- 戦闘：★★★★☆
- 知力：★★☆☆☆
- 運：★★★★☆
- 野心：🔥🔥🔥🔥○

友好武将：曹丕、張郃
敵対武将：諸葛亮、姜維

第1章 魏 — 夏侯覇

魏の名将・夏侯淵の次男で、父同様に武勇に優れた人物である。若くして偏将軍となり、のちに右将軍まで昇進するが、親族かつ上官の夏侯玄が司馬一族の抹殺を計画して処刑されたことで運命が一転。自身にも疑いの目が向けられるようになり、これに危機感を覚えた夏侯覇は蜀へと亡命した。以降は姜維の補佐役として魏と戦った。なお、夏侯覇は「定軍山の戦い」で父を討ち取られたことで、蜀軍に強い敵意を抱いていたとされるが、そんな怨敵に仕える将になるとは、彼自身も想像していなかったであろう。

魏のエリートから一転 亡命して蜀の武将となる

英雄トリビア：亡命先の蜀で大歓迎を受ける

蜀に亡命した夏侯覇は、劉禅の妻の母が夏侯覇の従妹であったことや、人材難の蜀にあってその武勇は頼れるものであったことなどから、手厚くもてなされた。

Illustration: 日田慶治

上官に毒殺される不運	牛金（ぎゅうきん）
武官	字 不詳　生没年 不詳　出身地 不詳

曹操、曹丕、曹叡の三代にわたって仕えた武官。曹仁や司馬懿に従い、さまざまな戦場に出陣。諸葛亮の北伐で馬岱を破るなどの活躍を見せたが、最期は「馬の跡を継ぐのは牛」という予言を見た司馬懿に警戒され、毒殺されてしまった。

Illustration: 藤川純一

第1章　魏

牛金／王双

流星鎚を操る大男	王双（おうそう）
武官	字 子全　生没年 不詳〜228年　出身地 隴西郡狄道県

身長9尺（約207cm）という恵まれた体格を持つ猛将。流星鎚を好んで使用し、「陳倉の戦い」では蜀の謝雄などを次々と討ち取る活躍を見せた。しかし、諸葛亮の計略に掛かり、最期は魏延に斬られて命を落としている。

Illustration: 日田慶治

第1章 魏

華歆 (かきん)

冷酷で狡猾な文官

- 文官
- 字: 子魚
- 生没年: 157年〜231年
- 出身地: 平原郡高唐県

魏の重臣のひとり。正史では清廉で徳の高い人物とされているが、演義では曹丕の後継者争いのライバルだった曹植の処刑を目論んだり、漢の献帝を脅して禅譲を強要するなど、冷酷な人物として描かれている。

- 戦闘: ★★★★★
- 知力: ★★★★☆
- 運: ●●●●○
- 野心: 🔥🔥○○○

Illustration: かみや

賈逵 (かき)

軍務もこなした名行政官

- 武官
- 字: 梁道
- 生没年: 174年〜228年
- 出身地: 河東郡襄陵県

魏郡太守、豫州刺史を歴任した武将。内政手腕に優れ、運河を築いて治水や水運を整備したほか、任地では厳正に法を適用した。また、魏軍で唯一、呉の将である周魴の偽りの投降を見抜くなど、洞察力にも優れていた。

- 戦闘: ★★★★☆
- 知力: ★★★★☆
- 運: ●●●○○
- 野心: 🔥🔥○○○

Illustration: 月岡ケル

諸葛誕 しょかつたん

魏に仕えた諸葛一族

武官 字 公休　生没年 157年～231年　出身地 琅邪郡陽都県

　呉の諸葛瑾、蜀の諸葛亮の親族。軍人として優れた能力を発揮し、毌丘倹の反乱鎮圧などの功績で魏の重臣となる。だが、やがては自分も司馬一族に排除されるのではと怯え、その恐怖心から呉と結託して反乱を起こすが司馬昭に討たれた。

第１章　魏

諸葛誕／毌丘倹

Illustration: 磯部泰久

毌丘倹 かんきゅうけん

司馬一族と対立した魏の重臣

文官 字 仲恭　生没年 不詳～255年　出身地 河東郡聞喜県

　曹叡に重用され、烏丸族の撃退や公孫淵の討伐、高句麗遠征などで功績をあげる。しかし、司馬一族が魏の実権を握り、ついには皇帝の曹芳を廃立したことで反乱を決意。文欽と結託して戦いを挑むも、司馬師よって鎮圧され戦死してしまった。

Illustration: 中山けーしょー

三国志コラム 2
官僚制度と軍隊制度
三国志に登場する役職名

官僚制度は皇帝が最高位

　三国志には数多くの役職名が登場する。この時代の統治制度は、前漢時代のものを基本的に採用していて、皇帝をトップとした中央集権的な制度が確立していた。皇帝の下には三公と呼ばれる司空、司徒、大尉がおり、その下に九卿が置かれたとされている。三公の役職では、おもに司空は城や砦に関わる国家事業を担当、司徒は戸籍や教育など民事全般、大尉は戦績に応じて賞罰を行うことが任務だった。

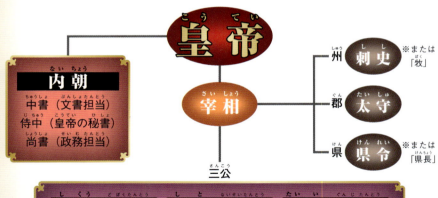

強大な力を持った大将軍

軍隊では大将軍がトップ。部隊における最高指揮官であり、皇帝の片腕として活躍した。あまりにも強大な力を持ち過ぎたため、自分の嫌いな皇帝を暗殺し、意見をよく聞く人物を皇帝にした例もある。その下に置かれたのは驃騎、車騎、衛の各将軍。官僚制度で言う三公と同じくらいの地位とされており、反乱軍の討伐などで指揮官に任命された。その下に、さらに細かく将軍職が置かれていたようだ。

第1章　三国志コラム　②官僚制度と軍隊制度

正史によると、関羽、張飛、馬超、黄忠の4人がそれぞれ前、右、左、後将軍に任命。その後、趙雲も含めた5人を五虎将軍と呼んだとされている。

呉【ご】

地の利を生かした領土経営で生き残った国

呉の勢力図

呉は229年から280年まで52年続いた王朝だ。国号を発したのは初代皇帝となった孫権だが、地盤は父・孫堅や兄・孫策から受け継いだため、孫家三代で建国された国家とも言える。建国の祖である孫堅は、「黄巾の乱」などで活躍したが劉表と戦って討ち死に。孫堅の家臣たちは、そのまま息子の孫策へ仕えた。袁術のもとにいた孫策は、独立して江東制圧を目論む。しかし、あと一歩のところで暗殺されてしまった。これを引き継いだ孫権が領土の維持を優先し、曹操や劉備の侵攻軍を撃退。国政を安定させて皇帝に即位した。

興亡のキーとなった3つの事件

曹操の野望を食い止めた「赤壁の戦い」

孫権の治める江東に、中原の覇者となった曹操が大軍で侵攻。孫権軍は圧倒的に兵力が少なかったが、火計を用いて見事に撃退した。

関連する人物
周瑜（P.92）
黄蓋（P.98）

蜀軍が大損害を受けた「夷陵の戦い」

孫権が荊州を獲得したことから呉と蜀は完全に敵対。222年に劉備が呉に侵攻するが、孫権は陸遜を総大将にしてこれを撃退。蜀に大ダメージを与えた。

関連する人物
陸遜（P.95）
甘寧（P.99）

家臣が割れ国力が削られた「二宮の変」

孫権は孫登を皇太子に立てていたが病死。後継に孫和が立てられたが、一方で孫覇にも魯王の座が与えられたため、家臣が10年にもわたり権力闘争を繰り広げた。

関連する人物
陸遜（P.95）
諸葛恪（P.110）

守勢の名君と呼ばれた初代皇帝

孫権

|君主|軍師|武官|文官|

- 字: 仲謀
- 生没年: 182年〜252年
- 出身地: 呉郡富春県

戦闘: ★★★★☆
知力: ★★★★☆
運: ★★★☆☆
野心: ★★★☆☆

友好武将: 孫堅、孫策
敵対武将: 曹操、劉備

第1章 呉

孫権

三国の一角を占めた国家である呉を建国し、初代皇帝となった人物。早くして亡くなった父の孫堅、兄の孫策の意志を引き継いで後継者となったのは19歳のとき。幸いにも周瑜や張昭といった優秀な部下がいたこともあり、呉の勢力を拡大していくことに成功した。三国志の戦いのなかでも特に有名な「赤壁の戦い」では、劉備軍と組んで強大な勢力を誇った曹操軍を撃破することに成功。その後は荊州を巡って劉備とやり合うなど、呉、蜀と絶妙な関係を保った。その後、呉を建国し71歳という長寿をまっとうした。

受け継いだ領土を守り江南に帝国を作り上げた

英雄トリビア
晩年は失策続きで後継者問題も発生！？

71歳という当時としては長生きをした孫権だったが、晩年は内政や外交面で失敗も多く、優秀な家臣を失っている。後継者争いも勃発し、国を滅ぼした原因という批判もある。

Illustration:NAKAGAWA

志なかばにして倒れた江東の小覇王

孫策

| 君主 | 軍師 | 武官 | 文官 |

字　伯符
生没年　175年〜200年
出身地　呉郡富春県

戦闘　★★★★★★★
知力　★★★☆☆
運　　☯☯☯☯☯
野心　🔥🔥🔥🔥🔥

友好武将　周瑜／孫堅
敵対武将　袁術／太史慈

第1章　呉　孫策

　孫策は孫堅の長男で、呉の初代皇帝となる孫権の兄である。少年のころから父に従って各地の戦いに参加し、劉表との戦いで孫堅が亡くなると、袁術のもとで居候することとなった。19歳になると袁術軍に吸収されていた孫家の返還を要求。程普や黄蓋、韓当、朱治といった、父の代から仕えていた歴戦の武将たちが孫策のもとに集い、少数精鋭の部隊ができあがった。自分の部隊を持った孫策は連戦連勝を重ねて江東を制圧。その破竹の勢いから「江東の小覇王」と呼ばれた。しかし、刺客に襲われ26歳で亡くなった。

破竹の勢いで領土を拡大し呉建国の基礎を作る

英雄トリビア
「玉璽」は兵の担保!?
少数精鋭部隊の真実

　孫策が孫家の軍を袁紹から返還を要求した際、父の手に入れた「玉璽」を担保にしていたと言われている。孫策には兵さえいれば「玉璽」はいずれ取り戻せると考えたのだろうか。

Illustration：三好載克

孫家の隆盛の基礎を築いた男

孫堅（そんけん）

君主 軍師 武官 文官

- 字：文台
- 生没年：156年〜192年
- 出身地：呉郡富春県

- 戦闘：★★★★☆
- 知力：★★★☆☆
- 運：☯☯☯☯☯
- 野心：🔥🔥🔥🔥♢

友好武将：程普、黄蓋
敵対武将：袁術、袁紹

第1章　呉　孫堅

黄巾族の討伐で孫家の勢力を拡大した勇将・孫策と孫権の父。反董卓連合結成時は先鋒として董卓軍の猛将・華雄とも戦った。しかし、味方だったはずの袁術が兵糧の輸送を怠ったために大敗している。董卓が長安に本拠地を移したあと、洛陽の復興に従事していた孫堅は古井戸の中から伝国の「玉璽」（皇帝の証とされる）を発見。野心が芽生えた孫堅は兵をまとめて帰還する。この動きを不審に思った袁紹は、劉表に命じて孫堅軍攻撃を指示。すぐに孫堅も反撃するが、劉表の居城を目の前にして伏兵の罠に掛かり、黄祖の兵に殺されてしまった。

勇猛果敢な優れた将だが伏兵にかかって命を落とす

英雄トリビア
本当は勝っていた!?　華雄との死闘の結末

反董卓連合に参加して猛将・華雄と戦った際、孫堅は袁術の兵糧到着が遅れたことで敗れたことになっているが、正史では逆に華雄を討ち取って大勝したと記されている。

Illustration: 日田慶治

第1章 呉

周瑜

曹操や劉備が恐れた鬼謀の士

- 字：公瑾
- 生没年：175年～210年
- 出身地：廬江郡舒県

区分：軍師

- 戦闘：★★★★☆
- 知力：★★★★★
- 運：★★★★☆
- 野心：★★★☆☆

友好武将：孫策／孫権

敵対武将：曹操／曹仁

親友の遺言を守り後継者を支えた名将

孫策、孫権の二代に仕え、名軍師として孫家を支えた人物。孫策とは子どものころから固い友情で結ばれており、劉繇の討伐の際には手勢を引き連れて孫策のもとへと駆けつけている。孫策が亡くなってからは、張昭とともに若い孫権を補佐し、208年に曹操が大軍で攻め込んできた際には、程普とともに総大将として活躍。得意の水上戦であったこと、疫病の蔓延や黄蓋の「苦肉の策」(P.98)も功を奏し、見事曹操軍の撃破に成功した。その後、南都を制圧するが、準備中に病に倒れ意志なかばにして亡くなった。

英雄トリビア：孫策との出会いは董卓のおかげ!?

孫堅が反董卓連合に参加する際、長期にわたって国を離れることになり、妻子を舒に移住させた。このとき、地元の有力者であった周瑜家と家族同様のつき合いをしたという。

Illustration: 七片藍

孫権を対曹操に導いた軍師

魯粛（ろしゅく）

字	子敬
生没年	172年～217年
出身地	臨淮郡東城県

区分：軍師

- 戦闘：★★★★☆
- 知力：★★★★☆
- 運：★★★☆☆
- 野心：★★★★☆

友好武将：孫策、孫権
敵対武将：袁術、劉備

型にとらわれない発想で孫権を導いた

第1章　呉　魯粛

孫策、孫権と二代に仕えた軍師で、特に孫権からの信頼が厚かった人物。裕福な家庭に育ち、山で狩猟しながら兵法を学ぶという奇行をしていたが、一方で貧民には惜しみなく財産を分け与えるなど、郷里では変人扱いされながらも慕われていた。その後、評判を耳にした袁術は魯粛を配下に迎えようと東城の県長の職を与える。しかし、袁術を見てともに歩むに足らないと判断。かねてから親交のあった周瑜のもとを訪ね、以降は孫家に仕えた。「赤壁の戦い」では、家中が非戦論に傾くなか、悠然と防衛戦を進言している。

英雄トリビア

正史では有能な魯粛は演義ではお人よし!?

正史では先見性のある優れた人物として描かれている魯粛。しかし、演義では諸葛亮に利用され、劉備の芝居に騙され、関羽に威圧されるなど、ただのお人好しとなっている。

Illustration: 日田慶治

呂蒙

関羽を討ち荊州を取り戻した名将

- 字：子明
- 生没年：178年～219年
- 出身地：汝南郡富陂県

- 戦闘：★★★★☆
- 知力：★★★★☆
- 運：☆☆☆☆
- 野心：🔥🔥🔥

友好武将：孫策、孫権
敵対武将：関羽、黄祖

第1章 呉 呂蒙

名将・関羽を討ち取るも病の前に力尽きる

若いころに、自分を侮辱した役人を斬り殺す事件を巻き起こして逃亡。その後自首したが、この話を聞いた孫策が呂蒙の素質を惜しんで自分の側近に登用した。孫策を継いだ孫権にも目をかけられたこともあり、呂蒙は活躍。黄祖との戦いでは先鋒を務め、陳就を討ち取る活躍を見せた。その後も「赤壁の戦い」や「荊州攻防戦」で戦功をあげ、偏将軍へと昇進している。特に荊州攻防戦では、劉備の配下である関羽を捕らえて処刑しており、孫権陣営の悲願であった荊州奪還を成し遂げた。しかし、病が悪化し直後に死亡している。

英雄トリビア
武が先行した武将が猛勉強で学者以上に!?

貧しい育ちだった呂蒙は、学問にはとんと疎かった。孫権にこのことを指摘されると、猛勉強を開始。あっという間に学者をしのぐほどの知識を持つようになり魯粛らを驚かせた。

Illustration: 伊吹アスカ

防衛線では無敗を誇った軍師

陸遜

- 字：伯言
- 生没年：183年〜245年
- 出身地：呉郡呉県

区分： 軍師

能力	
戦闘	★★★★☆
知力	★★★★★
運	☯☯☯☯☯
野心	🔥🔥🔥🔥◯

友好武将： 孫権、呂蒙
敵対武将： 劉備、関羽

第1章 呉 陸遜

孫権に一生尽くすも最後は信頼を失う

内政、外交、軍事のすべてに才能を発揮し、呉の国内を長期間にわたって安定させた名軍師。演義では若いころの活躍が描かれていないため目立った存在ではないが、軍略だけ見ても司馬懿や諸葛亮と並んで当時最高レベルにあったと言われている。特に呂蒙とともに行った「荊州攻防戦」では、関羽にへりくだった手紙を送って油断させるなど、呂蒙の行動を側面から支援し成功に導いた。しかしその後、呉の後継者問題で孫権と意見が衝突。主君から疑いの目を向けられた陸遜はこの扱いに耐えられず死亡した。

英雄トリビア

山賊を倒して部隊に組み込み治安と部隊増強に成功！

このころ、呉では山賊が猛威を振るっていた。そこで陸遜は孫権に山賊を討ち、それらを部隊に組み込むことを提案。これが功を奏し、国内の治安維持と部隊増強の両方に成功した。

Illustration: 菊地鹿人

程普

孫家を支えた最古参の重鎮

字	徳謀
生没年	不詳
出身地	右北平郡土垠県

区分: 武官

- 戦闘: ★★★★★☆
- 知力: ★★★★☆☆
- 運: ★★★☆☆☆
- 野心: ★★★☆☆

友好武将
孫策 / 周瑜

敵対武将
袁術 / 太史慈

第1章 呉 程普

　程普は威厳のある風貌と優れた計略の持ち主で、応対するときの態度も立派な人物であった。呉軍では最古参ということもあり、ほかの武将からは敬意を込めて「程公」と呼ばれていた。一転して戦場では鉄脊蛇矛を振り回す勇敢な武人で、孫堅が反董卓連合に参加していた際には華雄の副将であった胡軫を一騎討ちで討ち取っている。その後、孫策に仕えるようになってからも劉繇の配下であった太史慈と一騎討ちで引き分けている。「赤壁の戦い」では周瑜を妬んだこともあったが、和解してからは力を合わせて曹操を撃退した。

呉の部隊をまとめた人望豊かな重鎮

英雄トリビア
武に優れた程普は意外にも知識人だった

反董卓連合に参加時、孫堅とともに洛陽に入った程普。ここで孫堅は古井戸の中から「玉璽」を見つけたが、これが本物であると鑑定したのは、程普であったとされている。

Illustration: 磯部泰久

韓当

堅実な戦いで戦線を支えた

- 字：義公
- 生没年：不詳～223年
- 出身地：遼西郡令支県

第1章 呉　韓当

- 戦闘
- 知力
- 運
- 野心

- 友好武将：孫堅、陸遜
- 敵対武将：曹操、劉備

孫堅の代に武将として仕え、その後も孫策、孫権まで三代にわたって呉を支え続けた歴戦の勇将。呉の武将としては珍しく北方の出身で、薙刀の名手として知られている。特に名をあげたのが「赤壁の戦い」で、前哨戦では周泰とともに水軍を率いて曹操軍の先鋒を迎撃。焦触を討ち取って呉軍の士気を高めた。また、決戦時には黄蓋の「苦肉の策」で大火に包まれた曹操軍に切り込んで戦果をあげた。その後は「夷陵の戦い」で陸遜の才能を認めて指示に従い、関羽の仇討ちに燃える劉備軍を散々に討ち破っている。

得意の水上戦で曹操軍を圧倒

英雄トリビア
乱戦のなかで光った黄蓋を救った瞬間

「赤壁の戦い」の合戦時、乱戦となった戦いで黄蓋は矢を受けて河の中に落ちてしまった。これを見て、すかさず手を差し伸べて救ったのは韓当であったとされる。

Illustration: 日田慶治

曹操を騙し呉の勝利に近づけた功労者

黄蓋（こうがい）

字	公覆
生没年	不詳
出身地	零陵郡泉陵県

武官

- 戦闘 ★★★★★
- 知力 ★★★☆☆
- 運 ●●●●○
- 野心 🔥🔥○○○

友好武将：孫堅・周瑜
敵対武将：黄祖・曹操

痛みに耐えて繰り出した奇策が勝利を呼び込む

　黄蓋は若いころ役人を務めており、優秀なため孝廉（官職につくためのテスト）にも推薦された。その当時、孫堅が兵を集めており、彼に仕えて軍に入ることとなった。その後、江東の平定や黄巾族の討伐、董卓との戦いでも手柄を立てた。しかし、その名を高めたのは「赤壁の戦い」での「苦肉の策」。曹操を騙すため大勢の前で周瑜を罵倒し、罰として棒打ちの刑を受けている。こうして曹操に信用させて船団に近づき、突撃して火の海に包み込んだ。その後も山賊討伐などで手柄を立てて編将軍となった。

英雄トリビア
乱戦時だからこそ!? おまえは本当に黄蓋なのか？

「赤壁の戦い」における最大の功労者である黄蓋。戦いでは乱戦時、矢に打たれて河に落ちたところを韓当に助けられたが、最初は一般兵と間違われしばらく放置されたという。

Illustration: 七片藍

第1章　呉　黄蓋

ならず者から呉の将軍へ

甘寧(かんねい)

| 君主 | 軍師 | **武官** | 文官 |

字(あざな)　興覇(こうは)
生没年(せいぼつねん)　不詳(ふしょう)
出身地(しゅっしんち)　巴郡臨江県(はぐんりんこうけん)

- 戦闘(せんとう)
- 知力(ちりょく)
- 運(うん)
- 野心(やしん)

友好武将
孫権・凌統

敵対武将
劉表・黄祖

甘寧は益州の巴郡出身で、若いころはならず者を集めて彼らの頭領となっていた。その後、手勢を引き連れて劉表に仕官したものの重用されず、部下の黄祖のもとで手柄を立てたがここでも待遇に変化はなかった。不満を持った甘寧は敵対していた孫権のもとへと移る。苦しめられていた相手の来訪に喜んだ孫権は、甘寧を気に入り、兵を与えて黄祖攻めに合流させた。働き場を得た甘寧は数々の武勲をあげ、孫権軍の中核をなす武将として活躍。「濡須口の戦い」では100名あまりの武将で曹操軍に夜襲を仕掛け、大戦果をあげている。

逆境で輝いた 呉軍最強の武将

英雄トリビア
曹操を震えあがらせた 猛将・甘寧の衝撃の最期

甘寧の最期は正史では描かれていないが、演義には衝撃の内容が描かれている。病を押して出陣した「夷陵の戦い」で、沙摩柯の放った矢を額に受けて戦死したという。

第1章　呉　甘寧

Illustration: 池田正輝

太史慈 (たいしじ)

仁義を守る義理堅い勇将

- 字：子義
- 生没年：166年〜206年
- 出身地：東萊郡黄県

分類：武官

第1章　呉　太史慈

- 戦闘：★★★★☆
- 知力：★★★☆☆
- 運：★★★★★
- 野心：★★☆☆☆

友好武将： 孫策、劉繇
敵対武将： 張遼、劉表

身の丈は七尺七寸（約183cm）という堂々たる風貌で、弓を得意とした豪将。ふとした事件から青州にいづらくなった太史慈は、母の世話を焼いてくれた孔融に恩義を感じ、「黄巾の乱」では戦場に駆けつけて孔融の力となった。その後は同郷の劉繇に仕え、江東平定を狙った孫策の軍勢が仕掛けてきたときは、偵察中の孫策と遭遇し、激しい一騎討ちをした。劉繇は領土を捨てて逃亡したが、太史慈は最後まで抵抗を続ける。最終的に敗れて捕虜となったが、その勇敢さを買われて孫策の配下となった。

恩義に報い主君の信頼にも誠実に応えた

英雄トリビア：最後まで恩義を感じた男のなかの男

孫家に忠誠を尽くしたことで知られる太史慈。孫策の死後、曹操から勧誘の手紙が届いたが、それを断り孫権に仕えている。恩義は一生を尽くして返すのが太史慈流なのだ。

Illustration：丞悪朗

命をかけて孫権を守った武将

周泰（しゅうたい）

- 字：幼平
- 生没年：不詳
- 出身地：九江郡下蔡県

区分：武官

- 戦闘：★★★★☆
- 知力：★★☆☆☆
- 運：★★★★☆
- 野心：★★☆☆☆

友好武将：孫権、陸遜
敵対武将：黄祖、劉備

第1章 呉 周泰

何度も孫権の危機を救った最強のボディガード

周泰は、孫策が袁術のところに居候していたころに配下となった武将で、武勇に秀でていたため側近に取り立てられた。性格は慎ましく、堅実に仕事を重ねていったことで評価は上昇。かねてより周泰の人柄を気に入っていた孫権の願いによって直属の部下に加わった。江東制圧戦では孫権が賊に襲われた際、全身に12か所の傷を負いながらも孫権を守りきった。この傷が原因でしばらく生死をさまよったとされる。その後、周泰は孫権の命の恩人としていっそう重用され、「赤壁の戦い」でも側近として活躍した。

英雄トリビア：全身の傷を見せるというこれ以上のない説得方法

周泰の出自の低さから、命令に従おうとしない配下が現れた。そこで孫権は周泰の全身の傷を見せ、傷の由来を語らせた。これまでの働きを知らしめると信頼が高まったという。

Illustration: 七片藍

偉大な弟に劣らなかった兄

諸葛瑾

字	子瑜
生没年	174年～241年
出身地	琅邪郡陽都県

武官

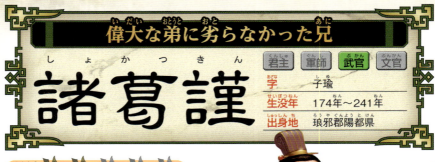

第1章 呉 諸葛瑾

- 戦闘 ★★★★☆
- 知力 ★★★★☆
- 運 ●●●●○
- 野心 🔥🔥○○○

友好武将：孫権、朱治
敵対武将：曹操、劉備

諸葛瑾は稀代の名軍師・諸葛亮の実兄である。徐州の出身だが、戦乱によって荒れ果てていたため江東に移住し、孫権に仕えるようになった。若いころに都で学問を学んでいた諸葛瑾は、幅広い知識を持っていて、誠実な性格だったこともあり人々の尊敬を集めていた。孫権は我の強いところもあったが、諸葛瑾は対立しないよう穏やかな口調で中身を解説しながら話しかけていたため、孫権と衝突することはなかったという。文官や外交官のイメージが強いが、魏が侵攻してきた際には軍を率いて朱然を救出している。

人々のあいだを繋ぎ家臣団に和をもたらす

英雄トリビア
仕事とプライベートを完全に切り離した

諸葛瑾は、劉備に仕える諸葛亮と外交の場で顔を合わせることもたびたびあった。寝返りを心配する者もいたが、ふたりは私語をせず淡々と任務をこなしたという。

Illustration: 藤川純一

名家の跡継ぎで実力もあった武将

朱然(しゅぜん)

|君主|軍師|**武官**|文官|

- 字: 義封
- 生没年: 182年～249年
- 出身地: 丹陽郡故鄣県

- 戦闘:
- 知力: ★★☆☆☆
- 運: ●●●○○
- 野心: 🔥🔥🔥🤍🤍

友好武将 孫権 / 呂蒙
敵対武将 趙雲 / 張郃

第1章 呉 朱然

侵略者から呉を守った名将

孫権の代から仕えていた武将・朱治の甥で、13歳のときに朱治の養子となった。孫権と同い年で親しい付き合いがあり、若いころは一緒に学問を学んでいた。孫権が孫策の跡を継いでからは、その能力の高さから太守に抜擢されている。関羽を討ち取り、荊州南部を奪った荊州侵攻では、呂蒙が病に倒れてしまったあとの後継者に指名されており、評価が高かったことがわかる。その後、次世代の中心人物として期待されたが、「夷陵の戦い」で敗走する劉備軍を追撃していたとき、趙雲と戦って討ち取られてしまった。

英雄トリビア 演義では語られなかった朱然の本当の姿

演義では「夷陵の戦い」で命を落とした朱然だが、これは創作である。正史によると戦いのあとも生き残り、魏の侵攻を退けている。陸遜亡きあとは、呉の軍事最高責任者にもなった。

Illustration: 月岡ケル

丁奉（ていほう）

半世紀にわたって呉を支えた忠臣

字	承淵
生没年	不詳～271年
出身地	廬江郡安豊県

区分：武官

第1章 呉 丁奉

- 戦闘：★★★★☆
- 知力：★★★☆☆
- 運：★★★★☆
- 野心：🔥🔥

友好武将：周瑜、陸遜
敵対武将：趙雲、曹丕

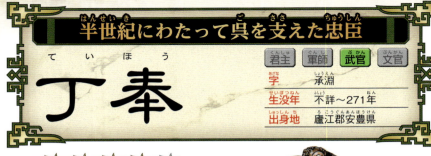

若き日の失敗を糧に成長し呉を支える

孫権の代から仕え、若いころは甘寧や陸遜、潘璋といった名だたる武将の配下で戦っていた。「赤壁の戦い」では周瑜から諸葛亮の殺害を命じられ、徐盛とともに諸葛亮を追ったが趙雲によって阻まれてしまう。また、劉備が孫夫人と婚姻後に呉から去るときも追撃を命じられたが、ここでも趙雲に邪魔されて失敗してしまった。これらのことからやや冴えない武将のように感じてしまうが、曹丕が呉に侵攻してきたときには徐盛の副将として活躍。魏の名将である張遼を矢で負傷させ、結果として死に至らしめるという大殊勲をあげた。

英雄トリビア：皇帝の信頼を得て最終的には大将軍へ

孫休の代になり、孫綝が皇帝を差し置いて権力を振るうようになった。孫休から孫綝を殺害するよう頼まれるとこれを実行。見事に成功させ、大将軍にまで出世した。

Illustration：佐藤仁彦

蔣欽

自分を高め続けて名将に成長

字	公奕
生没年	不詳〜219年
出身地	九江郡寿春県

武官

- 戦闘：★★★★☆
- 知力：★★★☆☆
- 運：☆☆☆★
- 野心：🔥🔥

友好武将：孫策／周泰
敵対武将：張遼／劉備

第1章 呉 蔣欽

孫策の代から仕えた世代の中心人物

周泰とともに長江で水賊をしていたが、孫策の評判を聞いて配下に加わった。以降は孫策の下で江東平定の戦いに参戦し、多くの功績をあげている。孫権の代には山越討伐や反乱鎮圧などで手柄を立て、「赤壁の戦い」では水軍を率いて活躍。大戦となった「合肥の戦い」では、張遼に襲撃されて追い詰められた孫権を救うという大手柄を立て、将軍へと出世している。呂蒙が指揮した荊州侵攻にも従軍しており、ここでも水軍を率いて活躍したが、正史によると荊州からの帰還中に病死したとされている。

英雄トリビア

昇進してもなお精進 まさに模範的な人物

蔣欽は昇進してもその地位に胡坐をかくことなく、倹約に努めて質素な暮らしをしていたという。また、教養に欠けることを指摘されると猛勉強して文武両道の武将へと成長した。

Illustration: 佐藤仁彦

孫権に重用された突撃隊長

凌統（りょうとう）

- 字: 公績
- 生没年: 189年～217年
- 出身地: 呉郡余杭県

区分: 武官

戦闘	★★★★☆
知力	★★★☆☆
運	●●●○○
野心	🔥🔥🔥🔥○

友好武将: 孫権、甘寧
敵対武将: 黄祖、張遼

第1章 呉 凌統

父に負けるとも劣らぬ血気盛んな猛将

孫策の代から仕えていた武将・凌操の息子。父が黄祖との戦いで戦死した際、15歳ながら奮戦し、戦場から父の遺骸を持ち帰っている。この勇敢さに関心した孫権は、父の官職と軍勢を引き継がせて重用したという。凌統もこの信頼に応えるかのように、父の討伐戦となった黄祖討伐や「赤壁の戦い」、南部攻略などに参戦して活躍。「合肥の戦い」では張遼の奇襲によって死ぬ寸前まで追い詰められた孫権を、全身に傷を受けながらも逃すことに成功し、この功績によって偏将軍へと昇進している。

英雄トリビア: 仲が悪いと思われた甘寧との確執は？

凌統の父を討ったのは、当時黄祖の部下であった甘寧である。ある日、酒宴の席で剣舞を踊ったときもふたりは殺伐とする。しかしその後、甘寧に危機を救われ和解した。

Illustration: 中山けーしょー

孫家を二代支えた文官の重臣

張紘 (ちょうこう)

[君主] [軍師] [武官] **文官**

字: 子綱
生没年: 152年〜211年
出身地: 広陵郡東県

- 戦闘: ★★★★☆
- 知力: ★★★★☆
- 運: ★★★☆☆
- 野心: ★★★☆☆

友好武将: 孫策、孫権
敵対武将: 曹操

第1章 呉 張紘

張昭とともに「江東の二張」と呼ばれた賢人。ともに参謀を務め、孫策はつねにふたりのどちらかを一緒に連れて歩き、何かあるごとに助言を仰いだという。勇敢ではあったが若さゆえに暴走しがちだった孫策を危ぶみ、丹陽討伐の際には孫策自ら陣頭に立とうとしたことを止めている。あるとき、献帝のいる許都に使者として向かうと、曹操に引き止められる。その後に孫策が死亡すると曹操は呉を攻め落とそうとするが、張紘はこれを説き伏せた。呉に戻ってからは孫権を叱咤激励し、君主としての成長を促している。

若き君主に自覚を促し多くの人材を発掘

英雄トリビア
人を見る目はナンバー1!?
見出した有名武将は数知れず

名士として名高かった張紘のもとには、数多くの人材が集まったことで知られている。推挙した代表的なものだけでも、闞沢、陸績、陸遜、丁奉、徐盛といった名将ばかりだ。

Illustration: 磯部泰久

軍事と政治の両面で活躍した
張昭

|君主|軍師|武官|**文官**|

字　子布
生没年　156年〜236年
出身地　彭城郡

第1章　呉　張昭

- 戦闘 ★☆☆☆☆
- 知力 ★★★★☆
- 運　 ★★★★☆
- 野心 ★★★☆☆

友好武将

孫策　孫権

敵対武将

陶謙　曹操

張昭は学問を好み、若いころから高い名声を得ていた。その評判を聞いた後漢政府や陶謙から官職に推薦されることもあったが、いずれも辞退している。孫策が独立したときは広く人材を集めていたため、張昭のもとを訪れて礼を尽くして説得。これに応じて孫策の参謀となった。以後、孫策は張昭を深く信頼して政治や軍事のあらゆる局面で助言を求めたという。孫策が暗殺者に襲われて危篤状態になったときは、後継者である孫権の補佐を依頼し、孫権にも「内政のことは張昭に相談せよ」と遺言を残したとされる。

煙たがられても主君に対する進言はやめず

英雄トリビア
たとえ相手が主君でも己のルールは曲げない！

孫権の補佐役となった張昭は、孫権に私生活も含めて多くの直言を行った。互いに感情的になって刃傷沙汰に発展したこともあったが、張昭の態度は生涯変わらなかった。

Illustration: かみや

徐盛（じょせい）

度胸と判断力を兼ね備えた呉の防壁

- 字　文嚮
- 君主
- 生没年　不詳
- 出身地　琅琊郡莒県

孫権の代になってから頭角を現した武将。小さな部隊の指揮官だった時代に黄祖討伐や山賊の討伐で名をあげて中郎将となった。曹丕が広陵に侵攻した際には建業から偽の城壁を建造するという奇策で戦い、見事防衛に成功している。

- 戦闘
- 知力
- 運
- 野心

Illustration: よじろー

第1章　呉

徐盛／潘璋

潘璋（はんしょう）

呉軍随一の荒くれ者

- 字　文珪
- 文官
- 生没年　不詳～222年
- 出身地　東郡発干県

初期の地位は低かったが、山賊討伐などで昇進。荊州攻略では関羽を捕らえる大手柄をあげ、将軍に昇進するとともに青龍偃月刀を手に入れた。その後は蜀の軍勢から目の敵にされ、「夷陵の戦い」で関興によって斬り殺されてしまった。

- 戦闘
- 知力
- 運
- 野心

Illustration: 佐藤仁彦

第1章 呉

闞沢 / 諸葛恪

曹操を言いくるめた弁舌の士
闞沢

文官
字 徳潤
生没年 不詳～243年　出身地 会稽郡山陰県

　文官の多くは社会的地位の高い名士の出身が多かったが、闞沢は農民の出身。仕事で目にした書物を暗記して勉強した。「赤壁の戦い」では、黄蓋の「苦肉の策」を見破りつつあった曹操に弁舌を振るって信じ込ませ、成功に導いた。

- 戦闘 ★★★★☆
- 知力 ★★★★★
- 運 ●●●●●
- 野心 🔥

Illustration: 藤川純一

才能が過ぎた故に身を滅ぼした
諸葛恪

軍師
字 元遜
生没年 203年～253年　出身地 琅邪郡陽都県

　諸葛瑾の長男で、幼いころから学問に優れていた。しかし、孫亮の時代に魏を攻めて大敗。責任を部下に押しつけようとしたところを孫峻らに見抜かれ斬殺された。性格はいい加減なところがあったと言われている。

- 戦闘 ★★★★☆
- 知力 ★★★★★
- 運 ●●●○○
- 野心 🔥🔥🔥

Illustration: 七片藍

陸抗

末期の呉を守った最後の砦

字 幼節
武官
生没年 226年〜274年　出身地 呉郡呉県

陸遜の次男。陸遜が孫権との不和が原因で死亡したため、当初は孫堅から疑惑の目で見られていた。しかし、堂々と申し開きを行い信用を勝ち取る。孫皓によって国政が乱れた際には、何度も陸抗が諫めたが、結局、呉は崩壊した。

- 戦闘
- 知力
- 運
- 野心

Illustration: かみや

第1章　呉

陸抗／孫皓

孫皓

呉を滅亡に追いやった最後の皇帝

字 元宗
君主
生没年 242年〜284年　出身地 呉郡富春県

呉の四代皇帝で最後の皇帝となった人物。食糧を貧民に与えるなど善政を行っていたが、次第に酒におぼれ暴君へと変貌。無駄な土木工事で国力を疲弊させ、部下を残虐な方法で処罰して求心力が低下。晋に侵攻されあえなく降伏した。

- 戦闘
- 知力
- 運
- 野心

Illustration: 日田慶治

三国志コラム ③

三国志の計略

戦局を大きく変えた計略

第1章 三国志コラム ③ 三国志の計略

軍師たちによる知力と知力の戦い

三国志の戦いでは、武将の力のぶつかり合いに加えて、知恵比べともいうべき計略も見どころのひとつ。圧倒的な不利な状況を覆す、相手をだまして有利に戦うという計略は歴史を大きく変えてきたのだ。ここではそんな計略のなかで、特に有名なものをいくつか紹介していこう。

諸葛亮　劉備に授けた「天下三分の計」

「三顧の礼」で出会った諸葛亮は、劉備に対して、「江北などを押さえる曹操は強大。まずは江南の孫権と手を結び、荊州と益州を手に入れば、いずれ天下統一できる」と語った。孫権と手を組んで曹操を倒し、その後、孫権も倒して天下統一するのが目標であり、3分割はあくまでその準備だったのだ。

■天下三分の計の内容

100万を超える大軍を備えており、今は戦う相手ではない

穀倉地帯であるが、領主が無能で人民は名君を望んでいる

天下制覇に向ける最適の地。劉表は無能なのでありがたくいただくべき

長江に守られ、民生も安定している。有能な人物も多く同盟すべき相手

周瑜　「赤壁の戦い」の前哨戦「反間の計」

「赤壁の戦い」で曹操は、孫権と周瑜が離れるよう間者を送り込む。しかし、これを見破った周瑜は逆に曹操の部下・蔡瑁と張允が反逆者だという書状を送りつけた。曹操はこれにだまされ、ふたりを処分してしまった。

曹操は呉に対して孫権と周瑜を別れさせるため、さらに内情を探るため何度も工作員を送り込む。

周瑜は何度も送り込まれた工作員をそのたびに見破り、逆にそれを利用して呉に有利になるように動いた。

まさに知恵比べ！「偽撃転殺の計」と「虚誘掩殺の計」

南陽の宛城に立てこもった張繍に対して、曹操はしばらく城の西側を攻め続けた。これは敵に西側を狙っていると思わせて、本当は東を狙う「偽撃転殺の計」という作戦。しかし、これに気が付いた張繍の軍師である賈詡は、策に引っかかったと思わせて敵を油断させつつ、逆に東門で待ち受ける「虚誘掩殺の計」で曹操軍を撃退したのだ。

3日3晩西側を攻め続け、「西側から攻めるぞ！」と思わせて、本当は東から攻め込むつもり。

西側の攻撃は罠だと見抜いた賈詡は、本隊は東側の防衛に回して、攻め込んだ曹操軍を逆に撃退する。

第1章 三国志コラム ③ 三国志の計略

凍死の窮地を救った「氷城の計」

西涼の馬超を討とうと攻め込んだ曹操だったが、戦いが長引き冬を迎える。曹操軍はあまりの寒さに耐えられず、部隊が自滅しかねないところだった。そこに夢梅という人物が現れ、「土塁に水をかければ凍って堅固な城になります」と進言したのだ。これを聞いた曹操はすぐに部下に作業をさせ、一夜で城を築いて事なきを得たのだった。

大胆不敵の策「空城の計」

諸葛亮が西城にいたとき、司馬懿が15万もの軍勢で迫った。2000人の兵士しかいなかった諸葛亮は「門を開け放ち、かがり火を焚いて客を迎えるようにしろ。門番は寝ているように静かにせよ」と言い、自分は高楼に登って香をたき、琴を弾き始めたのだ。そんな余裕のある姿を見た司馬懿は何か策があるに違いないと恐れ、兵を退却させたのだ。

戦わずして陸遜を返した「石兵八陣」

「夷陵の戦い」で陸遜に敗れ、劉備は白帝城に逃れたが、追撃されるのは時間の問題だった。しかし、諸葛亮は万が一に備えてあらかじめ巨石の陣を用意していた。ここに入ると突風や波が起こるうえ、複雑な迷路状になっているため、攻め込むのは難しいとされる陣だ。陸遜は巨石の陣に圧倒され、追撃を諦めて撤退したという。

第1章 三国志コラム ③三国志の計略

母の感情をも利用した「贋書の計」(程昱 × 徐庶)

新野城で劉備に敗れた曹操は、敗北の原因が劉備の軍師・徐庶にあるとして、彼を引きぬくように命じた。そこで程昱は徐庶の母を人質にして説得させようとするが、母はこれを断った。そこで今度は母の筆跡をまねた偽の手紙を徐庶に送り、曹操のもとへ呼ぶことに成功した。これを知った母は劉備を裏切った息子に怒り、自害してしまったのだ。

徐庶の母に寝返り工作を促すが説得に応じず。そこで筆跡をまねた手紙を送り徐庶を呼び出す。（程昱→）

寂しく暮らしているという偽の母からの手紙を見て、諸葛亮を推薦しつつ劉備のもとを離れてしまう。（←徐庶）

互いに争わせる「二虎競食の計」「駆虎呑狼の計」(荀彧)

劉備と呂布が手を組まぬよう、荀彧が曹操に進言した策。「二虎競食の計」は、2匹の虎（ふたりの危険な人物）を争わせる策で、帝の命令を利用して劉備に呂布討伐を命じるも失敗。「駆虎呑狼の計」は、虎の巣穴を狼に襲わせることをまねた策。帝の命令で袁術討伐に向かった劉備の留守を呂布に狙わせ、結果、劉備は呂布に城を奪われてしまった。

敵陣系を崩す「十面埋伏の計」(程昱)

袁紹率いる華北軍と戦っている際、曹操は黄河を背にして背水の陣を敷いた。これを追撃の好機と見た華北軍はどんどん攻め込むも、勢い余って陣形が崩れてしまっていた。じつはこれが程昱の策で、陣形が崩れた敵に対して隠れていた夏侯惇らが四方八方から襲い掛かり、混乱したところをさらに追撃。10万もの大軍を壊滅させることに成功した。

曹爽を欺いた「衰え演じの計」(司馬懿)

明帝の死後、権力を握った曹爽は、敵視していた司馬懿の様子を李勝に探らせた。李勝が会いに行くと司馬懿はお茶を口からこぼし、質問にもまともな返事ができないほどもうろくしており、それをそのまま曹爽に報告した。安心した曹爽は都を留守にするが、その隙に司馬懿は決起して曹爽一派を追放する。衰えた様子は司馬懿の罠だったのだ。

第2章 各地の群雄

後漢末期に活躍した多くの軍勢や配下武将たち。彼らも三国志でその名を轟かせた英雄ばかりだ。ここからはそんな特筆すべき人物を紹介する。

黄巾党【こうきんとう】

三国時代の幕開けとなった「黄巾の乱」を起こす

黄巾党の勢力図

もとは張角が興した新興宗教の教団。張角は南華老仙から『太平要術書』を授かると、修行の末に妖術を身につける。その後、疫病が流行したときに、護符を配るなどして多くの人々の病を癒したことから、張角に弟子入りするものが続出。張角は「大賢良師」を名乗り、全国各地を行脚して支持者を増やすと、社会不安に乗じて黄巾党を結成。「蒼天已に死す。黄天當に立つべし」の旗印のもと、漢王朝に反旗を翻す。当初は猛威を奮うも、漢軍が本格的に鎮圧に乗り出すと、次第に劣勢となり、反乱から1年もたずにほぼ鎮圧されてしまった。

興亡のキーとなった3つの事件

『太平要術書』を授かる

山中で出会った南華老仙から『太平要術書』を授かった張角はその後、この書をもとに修行に励み、風を呼び、雨を降らせるなどの妖術を習得する。

関連する人物
張角（P.117）
南華老仙（P.203）

黄巾党の旗揚げ

妖術の威光を用いて信者を増やした張角は、184年に弟の張梁・張宝らと黄巾党を結成。腐敗した漢王朝を滅ぼすため大規模な反乱（黄巾の乱）を起こす。

関連する人物
張梁（P.118）
張宝（P.119）

「潁川の戦い」で漢軍に大敗

当初は勢いのあった黄巾軍だが、「潁川の戦い」で漢軍の皇甫嵩や朱儁に大敗。その後、張角は病死し、リーダーを失った黄巾党はまもなく鎮圧されてしまった。

関連する人物
皇甫嵩（－）
朱儁（－）

張角(ちょうかく)

仙術を極めた黄巾軍の首領

君主

字	不明
生没年	不詳～184年
出身地	鉅鹿郡

- 戦闘: ★★☆☆☆
- 知力: ★★★★☆
- 運: ☯☯☯☯☆
- 野心: 🔥🔥🔥🔥☆

友好武将: 張梁、張宝
敵対武将: 皇甫嵩、朱儁

第2章 黄巾党 張角

仙人から授かった術で民衆を先導して天下を揺るがす

黄巾賊のドン。もともとは弟の張宝、張梁と山で薬草を採って暮らしていたが、あるとき山中で南華老仙という仙人から『太平要術書』を授かったことで仙術に目覚め、風雨を起こせるほどになる。その後、張角は「大賢良師」を名乗り、全国各地を行脚して支持者を増やすと、やがて漢王朝に代わって、自身が天下を取る野望を抱くようになる。そして、184年に挙兵すると「黄巾の乱」を起こし、漢軍と戦う。しかし、漢軍の皇甫嵩や朱儁らの活躍により次第に勢力は衰退し、最期は病死してしまった。

英雄トリビア: 黄色い頭巾を着用したことから黄巾党の名前がついた

張角軍は目印として頭に黄色い頭巾を巻いたことから黄巾党と呼ばれた。黄巾党による反乱は184年2月に発生するが、同年10月にはほぼ鎮圧されてしまった。

Illustration: 日田慶治

張梁

張角の弟にして片腕

字	不詳
生没年	不詳～184年
出身地	鉅鹿郡

区分：武官

- 戦闘：★★★★☆
- 知力：★★☆☆☆
- 運：☯☯☯☯☯
- 野心：🔥🔥🔥○○

友好武将：張角／張宝
敵対武将：皇甫嵩／朱儁

第2章　黄巾党　張梁

「穎川の戦い」で黄巾軍を率いた人公将軍

　張角の弟。張角の次弟である張宝とともに黄巾軍の一翼を担って、長兄の張角を支えた人物で、黄巾軍では「人公将軍」と呼ばれ、幹部の地位にいた。「穎川の戦い」で張梁は張宝と連携して、漢軍の皇甫嵩や朱儁といった武将と戦うも、草深い野原に布陣したため火攻めにあい大敗。命からがら逃げ出すも、その途中で今度は曹操軍の追撃にあい、黄巾軍は大損害を受けてしまう。張梁は張宝とともに辛くも生き延びて逃走したが、張角が病死すると、広宗で漢軍の奇襲にあい、最期は皇甫嵩に斬られて戦死した。

英雄トリビア

『正史』と『演義』でなぜか名称が逆になった

　正史では張梁は「地公将軍」、張宝は「人公将軍」となっているが、なぜか『演義』では「人公将軍」が張梁、「地公将軍」が張宝と逆になっている。

Illustration：かみや

黄巾軍の妖術使い

張宝

君主	軍師	**武官**	文官

- 字：不詳
- 生没年：不詳～184年
- 出身地：鉅鹿郡

戦闘：★★☆☆☆
知力：★★★☆☆
運：★★★☆☆
野心：★★★☆☆

友好武将：張角、張梁
敵対武将：皇甫嵩、朱儁

第2章 黄巾党 張宝

妖術を使い劉備を退けた張兄弟の次男

張角の弟。張梁と同じく黄巾軍の幹部で、「地公将軍」と呼ばれた。「潁川の戦い」で張宝と連合して漢軍と戦うも敗北。その後、義勇軍として参陣していた劉備との戦いでは、妖術を用いて1度は劉備軍を撃退。しかし、次の対戦では朱儁の命令で、劉備が獣の血や汚物などをまいて妖術を破ったことで敗戦。張宝は劉備の放った矢を肘に受けるが、なんとか逃げ切った。しかし、黄巾軍の命運もここまでで、逃げ込んだ先の陽城に立て籠もったものの部下に裏切られ、投降の手土産に殺される最後を遂げた。

英雄トリビア：天変地異をもたらす恐るべき妖術の使い手

劉備との戦いの際、張宝は戦場に雷や強風が吹き荒れ、さらに天から無数の人馬が殺到するという妖術を使用。劉備軍を混乱に陥れ、1度は撃退に成功している。

Illustration: 磯部泰久

董卓【とうたく】

宮中の争いに乗じて政治の実権を握り暴虐の限りを尽くす

董卓の勢力図

漢王朝末期、宦官の十常侍を排除しようとした大将軍・何進の檄文に応じて、董卓が大軍を率いて洛陽に向かった。何進は十常侍に殺されたが、何進の部下だった袁紹らは宮中に乗り込み、宦官を虐殺した。この混乱のなかで少帝を保護した董卓は、少帝を廃立して献帝を擁立し、政治の主導権を握る。しかし、董卓の振る舞いに諸侯は反発し、反董卓連合軍を結成した。これに対し董卓は洛陽を捨てて長安に遷都したが、長安で暗殺されてしまった。董卓亡きあと残党は長安を奪回したが、仲間割れで勢力を失い曹操に討伐された。

興亡のキーとなった3つの事件

反董卓連合軍を迎撃した華雄が戦死

袁紹を盟主とした反董卓連合軍を、董卓軍は氾水関で迎え撃つ。守将の華雄は連合諸侯の軍勢を次々に打ち破ったが、劉備軍の関羽に討ち取られ、氾水関を破られた。

関連する人物
華雄（P.124）
関羽（P.14）

虎牢関で呂布が勇戦する

勢いづいた反董卓連合軍は虎牢関に迫る。対する董卓軍は呂布を出陣させ、連合軍を蹂躙。連合軍は張飛、関羽、劉備の3人がかりでようやく呂布を退けた。

関連する人物
呂布（P.131）
張飛（P.15）

王允の計略で董卓が暗殺される

董卓を倒す機会を狙っていた王允は、歌妓の貂蝉に命じて呂布を誘惑したうえで、貂蝉を董卓に献上して対立を煽った。呂布は王允の策にはまり、董卓を殺害した。

関連する人物
貂蝉（P.122）
呂布（P.131）

三国志で１、２を争う悪逆非道の暴君

董卓（とうたく）

| 君主 | 軍師 | 武官 | 文官 |

- 字：仲穎
- 生没年：不詳～192年
- 出身地：隴西郡臨洮県

- 戦闘：★★★★★
- 知力：★★☆☆☆
- 運：★★★★☆
- 野心：★★★★★

友好武将

李儒　牛輔

敵対武将

袁紹　曹操

第2章 董卓

漢王朝をズタズタにした無道の大悪人

大将軍・何進と十常侍の闘争から逃れた少帝とその弟の陳留王を保護。少帝を廃して陳留王を皇帝の座につけて自分は相国（政治のトップ）となる。その後すぐに少帝とその母の何太后は殺され、近隣の村が略奪されるなど、董卓の魔の手はあらゆるところに及んだ。こうした暴虐に対し、袁紹を盟主とする連合軍が洛陽に攻め寄せる。董卓は虎牢関で迎撃したが、不利だとみると洛陽を焼いて長安へと撤退。そして長安で以前と変わらず暴政を敷いたが、王允の「連環の計」（P121）にかかった呂布に殺害された。

英雄トリビア
肥え太った悪代官のイメージだがじつは一流の武人だった？

初登場シーンは黄巾の乱で苦戦する官軍の将軍という立場でパッとしないが、じつは左右両方の手で弓を引ける弓術の達人で、異民族とも交流がある武人だったという。

Illustration: 中山けーしょー

貂蝉（ちょうせん）

ふたりの男を相手に大仕事をやり遂げる

| 君主 | 軍師 | 武官 | 夫人 |

字　不詳
生没年　不詳
出身地　不詳

- 戦闘
- 知力
- 運
- 野心

第2章　董卓　貂蝉

友好武将

王允／呂布

敵対武将

董卓／李儒

最強の暴君・董卓を女の武器で倒す！

王允に仕えた女性で、美しく芸も上手だったためじつの娘のように可愛がられていた。董卓を倒す方法に悩む王允を見ていた貂蝉は、「旦那様のために役に立ちたい」と申し出た。王允は貂蝉の美貌で董卓と呂布をたぶらかし、仲違いさせる策を考えつく。まず王允は呂布に貂蝉を紹介してその魅力の虜にし、側室にするようすすめる。そして董卓にも貂蝉を紹介し、董卓に貂蝉を献上した。貂蝉を奪われたと思った呂布は怒り狂い、董卓に恨みを持った。呂布はついに董卓を殺害し、「連環の計」は見事に成功したのである。

英雄トリビア　ダイナミックな整形手術で絶世の美人に生まれ変わる？

ある民間伝承では貂蝉は美人ではなかったことになっており、王允に相談を受けた華佗が手術でほかの女性の顔と取り替え、度胸をつけるために肝も入れ替えたという。

Illustration: ナチコ

董卓をサポートした謀臣

李儒

字	不詳
生没年	不詳〜192年
出身地	不詳

軍師

- 戦闘 ★★★★☆
- 知力 ★★★★☆
- 運 ☆☆☆☆
- 野心 🔥🔥🔥🔥

友好武将：董卓、李傕
敵対武将：袁紹、貂蝉

非道の策をつむぎ出す邪悪な頭脳

第2章 董卓 — 李儒

董卓の腹心で、少帝の廃立を提案した。しかし、丁原という諸侯が反対して董卓に戦いを挑み、養子・呂布の超人的な武勇により董卓軍を討ち破った。敗れた董卓軍では、李粛が名馬・赤兎馬を送って呂布を味方に引き入れる策を進言する。始め董卓は渋ったが、李儒の説得で策が実行され、呂布は丁原を殺して董卓軍に加わった。李儒はその後も少帝や何太后を殺害したり、市民から財産を奪うなど、非道な行いを続けて人々を苦しめた。しかし、董卓が殺されると李儒も捕まり、四つ裂き刑で処刑された。

英雄トリビア
李儒だけは王允の策を見抜いていた？
王允の策略で董卓と呂布が対立したとき、李儒は董卓を諌めた。董卓は態度を改めず殺されてしまうが、李儒の言葉が届いていれば董卓勢力はもっと続いていたかも？

Illustration: 池田正輝

関羽の引き立て役になってしまった勇士

華雄 (かゆう)

字	不詳
生没年	不詳～191年
出身地	不詳

分類：武官

- 戦闘 ★★★★☆
- 知力 ★★☆☆☆
- 運 ☯☯☯☯☆
- 野心 🔥🔥🔥☆

友好武将：董卓、呂布
敵対武将：孫堅、関羽

第2章　董卓　華雄

連合諸将を次々に討った剛勇

身長2mを超える虎のような体格に、豹のような恐ろしい顔をしていたという、董卓軍きっての猛将。反董卓連合軍が攻め寄せたとき、汜水関の守将として迎撃にあたった。華雄は勇戦し、手始めに鮑信の弟・鮑忠を討ち取る。そして戦上手で知られた孫堅の軍勢にも果敢に夜襲をかけ、孫堅の身代わりを務めた祖茂を討ち取った。さらに袁術軍の兪渉、韓馥軍の潘鳳など、連合軍の武将は次々に華雄の手にかかっていった。しかし、関羽にはさすがの華雄もかなわず、たった一撃で斬り倒されてしまった。

英雄トリビア
実現しなかった豪傑同士の幻の一騎討ち

華雄に連合軍の武将が次々に討たれるさまを見た袁紹は、顔良か文醜を連れてこなかったことを悔やんだ。もしその場にいれば語り継がれる一騎討ちになったかも？

Illustration：中山けーしょー

董卓に続いて暴政を行う

李傕（りかく）

字	不詳
生没年	不詳〜197年
出身地	涼州北地郡

武官

- 戦闘 ★★★★☆
- 知力 ★★★★☆
- 運 ●●●○○
- 野心 🔥🔥🔥○○

友好武将：郭汜、賈詡
敵対武将：馬騰、韓遂

第2章 董卓
李傕（りかく）

同僚との対立が転落の始まり

　董卓が洛陽に入ったときから従っていた武将で、董卓の死後に長安を攻め、呂布を破って王允を討った。その後、李傕は董卓配下で同僚だった郭汜とともに長安を支配し、政治の実権を握って贅沢三昧の暮らしを送る。しかし、やがて郭汜と対立して争うようになり、その影響で長安は荒れ果ててしまう。献帝が長安から逃亡すると、事の重大さに気づいたふたりはようやく和解して、献帝を連れ戻そうとしたが失敗する。献帝の威光を失った李傕たちの勢力は急激に衰退し、最後は曹操軍に討伐されてしまった。

英雄トリビア
邪教の使徒だった？　怪しげな信仰の御利益

　李傕は邪教の信者で、邪神を祀って生け贄を捧げていたという。董卓の死後、李傕は大司馬の地位につくが、これも邪神の加護のおかげだと巫女に褒美を出している。

Illustration: 池田正輝

李傕とふたりで長安を牛耳った

郭汜(かくし)

字	不詳
生没年	不詳～197年
出身地	巴郡南充県

君主／軍師／武官／文官 → 武官

- 戦闘 ★★★★★
- 知力 ★★★★☆
- 運 ★★★★☆
- 野心 ★★★★☆

第2章 董卓 郭汜

友好武将 李傕／賈詡

敵対武将 馬騰／韓遂

妻の嫉妬が内紛のきっかけに

董卓の部下。董卓が死んだときは長安から離れた場所にいたが、李傕とともに残党を集めて長安に攻め込み、王允を討って董卓の仇討ちを果たした。李傕と郭汜のふたりが長安を支配することを快く思わなかった楊彪は、郭汜の妻に「李傕の妻が郭汜と浮気している」と吹き込んだ。嫉妬深い郭汜の妻はまんまと踊らされてしまい、夫と李傕のあいだを裂こうとして「李傕があなたの毒殺を考えている」と郭汜に告げる。これにより、李傕と郭汜の関係は急激に悪化し、ふたりは破滅へと向かっていくことになる。

英雄トリビア
意外にあなどれない郭汜の武勇

郭汜は李傕との争いで、わずか数百の軍勢で数万の李傕軍を破ったという隠れた猛将だ。また、呂布との一騎討ちの経験もあるが、さすがにこれは負けたようだ。

Illustration: 磯部泰久

徐栄（じょえい）

曹操を追い詰めた武将

武官　字 不詳　生没年 不詳～192年　出身地 不詳

　董卓が洛陽を焼き払って長安へと移動するとき、曹操は追撃を主張して出撃するが、董卓軍の伏兵によって敗れる。その直後、曹操軍に襲いかかったのが徐栄の軍勢である。徐栄は曹操を追い詰めたが、深入りしすぎて夏侯惇に討たれた。

戦闘／知力／運／野心

Illustration: 七片藍

第2章　董卓　徐栄／牛輔

牛輔（ぎゅうほ）

仲間を出し抜くが部下に裏切られる

武官　字 不詳　生没年 不詳～192年　出身地 不詳

　董卓の娘婿。董卓の死後は李傕らと合流して長安に攻めかかり、李粛軍に1度敗れたが再戦で勝利。続いて呂布軍と戦うが大敗する。牛輔はここで仲間を見限って財宝を盗んで逃亡するが、部下の裏切りにあって殺害された。

戦闘／知力／運／野心

Illustration: 中山けーしょー

三国志コラム 4
後漢末の宮廷

戦乱の原因となった権力争い

第2章 三国志コラム ④後漢末の宮廷

外戚と宦官の対立

農民出身の劉邦によって興された漢王朝。一度帝位を奪われてその歴史が中断されるが、25年に劉秀（光武帝）が復活させ、以降は後漢王朝と呼ぶ。

ところが、復活したのも束の間、徐々に衰退の一途をたどっていくこととなった。その要因のひとつとしてあげられるのが「幼い皇帝が即位したこと」である。こうした場合は、それをサポートするため皇帝の母である皇太后が摂政という立場で実権を握るのが基本。ところが政治の実権は外戚（皇太后の親戚）である親戚に握られていた。彼らは皇帝が幼いのをいいことに好き勝手に政治を動かし、場合によっては、帝位すら脅かすこともあったのだ。

これに対して、成長した皇帝が反発し、部下である宦官（宮廷仕えの政治家）らとともに、外戚を排除しようと行動をおこした。結果、外戚と宦官による激しい権力闘争が繰り返されることとなり、宮廷が大混乱に陥ったのである。

■おもなできごと

年代	皇帝名	できごと
105年	殤帝	生後100日ほどで殤帝が即位
106年	安帝	安帝即位
125年	順帝	宦官らが順帝を擁立。その後、宦官らを取り立てて役人の反発を買う
135年		功績のある宦官の世襲制を認める
144年	冲帝	2歳で冲帝が即位。梁太后が摂政に
145年	質帝	8歳で質帝即位。梁太后が摂政に
146年	桓帝	外戚の梁冀が質帝を毒殺し、桓帝を擁立。梁冀が摂政に
166年		第1次党錮の禁が起こり、李膺を始めとする200人あまりが逮捕
167年	霊帝	霊帝即位。董太后が摂政に
168年		竇武らが宦官の謀殺をはかり殺害
169年		第2次党錮の禁が起こり、李膺ら100人が殺される
184年		黄巾の乱が発生
185年		官職を売る「売官」がなされ、宦官らが烈候に処せられる
189年	少帝	少帝即位。何太后が摂政となる
189年	献帝	董卓が少帝を廃して献帝を擁立する

何進が力づくで少帝を擁立

霊帝が重体になると、次の皇帝候補に何太后の子・弁皇子と王美人の子・協皇子が浮上した。宦官たちは協皇子を支持し、弁皇子の後ろ盾である何太后の兄・何進を倒そうとした。対する何進は袁紹らと結びつき、力づくで弁皇子を少帝として即位させた。その後、何進は宦官の排除を計画するが、逆に暗殺された。

帝位をめぐる争い

弁皇子
何皇后
何進大将軍
袁紹

VS

協皇子
董太后
宦官ら

袁紹
華北の雄と知られる袁紹は、このころ司隷校尉という役目でおもに都の治安維持を担当していたとされる。

第2章　三国志コラム　④後漢末の宮廷

董卓が献帝を即位させ、少帝を殺害

何進が暗殺されると、怒った袁紹は宦官を大量に殺害。危機を感じた宦官は、少帝とともに洛陽を脱出。しかし、そこで董卓に見つかり、少帝は保護されて都に連れ戻された。その後少帝は廃立され、その弟・陳留王（協皇子）が献帝に董卓の力で即位。これが後漢王朝最後の皇帝となったのである。

董卓の台頭

献帝を即位させた董卓は、同時に自らも宰相となって政治と軍事の両権力を手にする。その後、少帝とその母・何太后を殺害して、その権力を不動のものとした。

董卓
董卓は雨が降らないことを理由に司空の劉弘を免職し、自分がその座に就くなど次第に権力を集めていった。

呂布の勢力図

呂布は董卓を殺害後、その残党たちによって長安から追われ、流浪の一勢力となる。最初は袁術、そして袁紹や張邈、張楊ら諸侯のもとを転々としていたが、やがて曹操の留守を襲って兗州を奪った。しかし、曹操に奪回されると再び放浪し、今度は徐州の劉備のもとを訪れる。そしてまたも留守を狙って徐州を奪い、独立の地盤を手に入れた。独立後はおもに袁術と争ったが、やがて曹操に領土を奪われ、下邳城に追い詰められる。そして部下の裏切りによって呂布は捕縛され、曹操の前に突き出されてあっけなく最期を迎えた。

呂布【りょふ】

裏切りを繰り返し各地を渡り歩いた虎狼の集団

興亡のキーとなった3つの事件

曹操が徐州を攻めているあいだに兗州を奪う

各地を放浪していた呂布は、陳宮の招きに応じて張邈のもとで反乱に力を貸し、兗州を攻めて奪い取った。しかし、1年ほどで曹操に奪い返されて放浪生活に戻る。

関連する人物
呂布（P.131）
陳宮（P.132）

劉備の留守を狙って徐州を奪う

曹操に敗北後、徐州の劉備のもとに身を寄せていた呂布は、劉備が袁術との戦いに出撃しているあいだに反逆し、留守を守っていた張飛を蹴散らして徐州を奪った。

関連する人物
呂布（P.131）
劉備（P.13）

曹操軍との戦いで呂布が捕らえられる

徐州を支配した呂布は曹操軍と戦うが、敗北が続いて下邳城に追い詰められる。最後は酒に酔って寝ていたところを裏切った部下に縛られ、曹操に処刑された。

関連する人物
呂布（P.131）
曹操（P.51）

三国志中最強の武人

呂布（りょふ）

君主	
字	奉先
生没年	不詳～198年
出身地	五原郡九原県

- 戦闘 ★★★★★
- 知力 ★★
- 運 ☯☯☯☯
- 野心 🔥🔥🔥🔥

友好武将：陳宮／貂蝉
敵対武将：張飛／曹操

第2章　呂布（りょふ）

豪傑・勇士の頂点に君臨する武神

一騎当千の武勇を誇る武人だが、主君を2度も裏切って殺した餓狼のごとき人物。丁原の配下だった呂布は名馬・赤兎馬に目がくらみ、丁原を殺して董卓に仕える。そして虎牢関の戦いで反董卓連合軍を蹂躙し、張飛、関羽、劉備の3人と同時に戦った。だが董卓軍が長安に移ると、貂蝉を巡って対立した董卓を殺害。その後は劉備が治める徐州に落ち着くが、裏切って徐州を乗っ取った。最終的には部下にも愛想を尽かされ、捕縛されて曹操に処刑された。欲望のままに突き進んだ男の哀れな末路である。

英雄トリビア
中原の人々とは異なる天下無双の武勇の秘密

呂布の出身地は現在の内モンゴル自治区で、この地方では昔から騎馬民族が栄えていた。抜群の騎乗術と騎兵の指揮能力を持つ呂布も、騎馬民族の出身かも？

Illustration: 米谷尚展

呂布を群雄に押し上げた謀臣

陳宮（ちんきゅう）

字: 公台
生没年: 不詳〜198年
出身地: 東郡武陽県

区分: 軍師

- 戦闘: ★★★★☆
- 知力: ★★★★☆
- 運: ☆☆☆☆☆
- 野心: 🔥🔥

友好武将: 呂布、張遼
敵対武将: 曹操、高順

第2章　呂布　陳宮

曹操が董卓の暗殺に失敗したときに出会い、意気投合してともに逃亡する。しかし、勘違いで恩人の一家を皆殺しにした曹操に失望して離れていった。その後は陶謙と曹操の争いを止めたが失敗したため、張邈とともに呂布を擁立して曹操から兗州を奪った。これをきっかけに陳宮は呂布に仕え、軍師として働く。曹操に兗州を奪回されて徐州を訪れたときには、徐州を奪う策を提案した。呂布はいつも陳宮の策を採用したわけではないが、陳宮は最後まで忠実に仕え、呂布が曹操に敗北すると主君とともに処刑された。

さまざまな献策も採用されず敗北

英雄トリビア　最後まで貫いたプライドが家族の命を救う

かつて交流のあった曹操に敗れたとき、陳宮は毅然とした態度で面会し、潔く処刑された。曹操は陳宮の態度に感心し、残された家族を引き取って面倒を見ている。

Illustration: 池田正輝

高順(こうじゅん)

呂布に忠義を尽くした猛将

字	不詳
生没年	不詳～198年
出身地	不詳

武官

- 戦闘: ★★★★☆
- 知力: ★★☆☆☆
- 運: ●●○○○
- 野心: 🔥🔥○○○

友好武将
呂布／張遼

敵対武将
曹操／陳宮

第2章 呂布 高順

呂布に仕えた武将で、呂布が濮陽で曹操と戦ったときには、曹操を討ち取る寸前まで追い詰めたものの、ギリギリで典韋に退けられた。呂布からの信頼は厚く、呂布軍が曹操軍に敗れて落ち延びるときには呂布の家族の護衛を担当し、無事に合流を果たしている。その後の曹操軍との戦いでも夏侯惇の軍勢を破るなど活躍したが、味方の裏切りによって呂布軍は敗北し、高順も捕らえられる。曹操の前に引き立てられた高順は、曹操からの問いにも黙ったままで何も答えることはなく、そのまま処刑された。

呂布の手足となった武骨で寡黙な武人

英雄トリビア
必ず相手を破る呂布軍最強の矛

高順は攻撃した相手を必ず討ち破ることから「陥陣営」という異名を持つ猛将だった。ただ、陳宮とは性格が合わなかったらしく、呂布の悩みの種だったようだ。

Illustration: 藤川純一

臧覇

曹操配下でも出世した有能な将

武官
字 宣高
生没年 不詳　出身地 泰山郡華県

呂布に仕えた、優れた8人の武将である「八健将」のひとり。曹操軍との戦いでは楽進と一騎討ちを演じ、濮陽の戦いでは曹操を追い詰めた。呂布の死後は山賊になっていたが、張遼の説得で曹操に仕え、孫権との戦いなどで活躍した。

- 戦闘 ★★★★☆
- 知力 ★★★☆☆
- 運 ★★★★☆
- 野心 ★★★☆☆

Illustration: 磯部泰久

曹性

夏侯惇の目を奪った弓の名手

武官
字 不詳
生没年 不詳　出身地 不詳

呂布の「八健将」のひとり。呂布が徐州を奪って曹操軍との戦いになったときに、高順とともに夏侯惇の軍勢と戦う。高順が夏侯惇との一騎討ちで劣勢になると矢を放ち、夏侯惇の左目を奪ったが、怒った夏侯惇に殺されてしまった。

- 戦闘 ★★★☆☆
- 知力 ★★☆☆☆
- 運 ★☆☆☆☆
- 野心 ★★☆☆☆

Illustration: よじろー

呂布を陥れた黒幕 陳登

- 字 元龍
- 武官
- 生没年 不詳
- 出身地 下邳国淮浦

陳珪の息子。陶謙の家臣で、陶謙の死後は劉備に仕えた。呂布に徐州を奪われると呂布に仕えるが、呂布軍の内情を曹操に伝え、呂布と袁術の縁談による同盟を邪魔するなど、内部から呂布軍の足を引っ張って破滅に導いた。

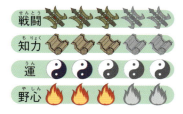

Illustration: 日田慶治

第２章 呂布

陳登／陳珪

呂布軍で暗躍した策士 陳珪

- 字 漢瑜
- 文官
- 生没年 不詳
- 出身地 下邳国淮浦

徐州の官僚で、徐州刺史の陶謙が死ぬと劉備に仕えた。呂布が徐州を奪うと呂布に従って袁術との戦いで功績をあげ、呂布の信頼を得る。しかし、裏では曹操と協力し、呂布軍の同士討ちを誘うなど内側から呂布軍を崩壊させていった。

Illustration: 池田正輝

袁紹【えんしょう】

河北を支配して曹操と覇を競った漢王朝の名門

袁紹の勢力図

漢王朝における最高位の官職である三公を四代にわたって輩出した、名門中の名門。冀州を本拠地として、北方で一大勢力を築いていた公孫瓚を倒し、幽州、青州、幷州の河北四州にまたがる巨大勢力となった。北を制した袁紹は南下して曹操領に侵攻し、「官渡の戦い」で決戦を挑む。しかし、これに敗れると急速に勢いを失い、敗戦から2年後に袁紹が死亡する。その後は袁紹の子どもたちによる後継者争いが始まるが、争いにつけ込んだ曹操によって子どもたちはみな倒され、かつては曹操を凌ぐ大勢力だった袁家は滅亡した。

興亡のキーとなった3つの事件

冀州牧の韓馥から領土を奪う

勢力拡大を狙う袁紹は冀州に目をつけ、冀州牧の韓馥を説得にかかる。郭図や荀諶、逢紀らの説得によって韓馥はついに折れ、袁紹に冀州牧の地位を譲り渡した。

関連する人物
郭図 (P.144)
荀諶 (P.149)

界橋の戦いで公孫瓚を破る

幽州に勢力を持つ公孫瓚が界橋まで進出してきたため、袁紹も軍を出して迎え撃つ。公孫瓚は強力な騎兵隊を擁していたが、袁紹軍の麴義がこれを破り、大勝した。

関連する人物
麴義 (P.141)
文醜 (P.139)

官渡の戦いで曹操軍に大敗

河北を統一した袁紹は、官渡で曹操と決戦する。戦いは袁紹軍が優勢だったが、烏巣の食糧庫を焼かれて戦況は一転。袁紹軍は手痛い敗北を喫してしまった。

関連する人物
袁紹 (P.137)
淳于瓊 (P.140)

覇者への手前でつまずいた名門の御曹司

袁紹

君主 軍師 武官 文官

- 字: 本初
- 生没年: 154年～202年
- 出身地: 汝南郡汝陽県

- 戦闘: ★★★★☆
- 知力: ★★★★☆
- 運: ★★★★☆
- 野心: ★★☆☆☆

友好武将: 曹操、劉備
敵対武将: 董卓、袁術

第2章 袁紹

袁紹

天下統一目前にして友に道を阻まれる

袁家は三公を四代にわたって出した名門。その御曹司の袁紹も、将来を期待されていた。袁紹は宮中を牛耳っていた十常侍を武力で排除したが、代わって董卓が洛陽を支配する。これに反発した袁紹は洛陽から離れ、反董卓連合軍の盟主となって董卓軍と戦った。その後、連合軍が解散すると地元の冀州に戻り、公孫瓚を滅ぼして河北一帯を支配する大勢力となる。さらなる拡大を目指す袁紹は「官渡の戦い」で曹操と激突するが、まとまりを欠いた袁紹軍は敗北。敗戦をきっかけに袁紹は失速し、2年後に没した。

英雄トリビア
若いころは友人だった袁紹と曹操

袁紹は威厳がある風貌で、謙虚だったため多くの人から慕われた。友人のなかには曹操もいたという。かつての友と戦うにあたり、袁紹は何を思っていたのだろうか？

Illustration: 中山けーしょー

徐晃を退けた猛将

顔良 (がんりょう)

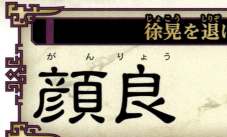

字	不詳
生没年	不詳～200年
出身地	不詳

区分: 武官

- 戦闘: ★★★★★
- 知力: ★★
- 運: ●●●●○
- 野心: 🔥🔥

友好武将

袁紹 / 文醜

敵対武将

関羽 / 沮授

第2章 袁紹 — 顔良

袁紹軍が誇る武の二枚看板

袁紹軍を代表する猛将。活躍するのは「官渡の戦い」の前哨戦である「白馬の戦い」からだが、反董卓連合軍が董卓配下の華雄に苦戦したときに、袁紹が「顔良か文醜を連れてきていれば」と悔やんでいることから、以前から袁紹軍の豪傑としての地位を確立していたようだ。「白馬の戦い」で曹操軍と戦った顔良は魏続と宋憲を討ち取り、若き勇士・徐晃すらも撃退して、おおいに袁紹軍の士気を上げた。しかし、当時曹操軍に身を寄せていた関羽が出撃してくると、顔良は一太刀であっけなく斬り殺されてしまった。

英雄トリビア
顔良が見せ場を作れなかったワケ

顔良は当時袁紹軍にいた劉備に「関羽に会ったら自分のもとに帰るよう伝えてほしい」と頼まれていたため、無防備に関羽に話しかけて斬られたという説もある。

Illustration: 藤川純一

おとりにかかった猪武者

文醜（ぶんしゅう）

君主／軍師／**武官**／文官

字　不詳
生没年　不詳〜200年
出身地　不詳

- 戦闘 ★★★★☆
- 知力 ★★☆☆☆
- 運　★★★★☆
- 野心 ★★★☆☆

友好武将：袁紹、顔良
敵対武将：関羽、趙雲

第2章　袁紹　文醜

顔良と並ぶ袁紹軍の双璧

身の丈8尺（184cm）、顔は中国の伝説上の神獣であるカイチにそっくりという人間離れした風貌の豪傑。顔良と並ぶ袁紹軍の猛将として有名で、顔良とは兄弟のように親しくしていたという。「白馬の戦い」で顔良が討たれると、復讐に燃える文醜は劉備とともに出撃。迎え撃つ曹操軍は、荀彧の策で補給隊を使った罠を仕掛ける。文醜はこれに引っかかり、関羽、張遼、徐晃の軍勢に囲まれてしまう。文醜もただ者ではなく、張遼を弓で射落とすと、続く徐晃も撃退したが、関羽には敵わず討ち取られてしまった。

英雄トリビア
趙雲とも引き分けた剛勇の将

文醜は抜群の武勇を誇り、袁紹と公孫瓚が戦った「界橋の戦い」では、公孫瓚を討つ寸前まで追い詰め、助けに入った趙雲とも互角に一騎討ちを続けたという。

Illustration：かみや

職務怠慢で身を滅ぼす

淳于瓊 (じゅんうけい)

字	仲簡
生没年	不詳〜200年
出身地	潁川郡

区分: 武官

- 戦闘 ★★★★☆
- 知力 ★★☆☆☆
- 運 ●●●○○
- 野心 🔥🔥🔥○○

友好武将: 袁紹、郭図
敵対武将: 沮授、許攸

第2章　袁紹　淳于瓊

漢王朝で、皇帝直属の西園軍を率いる西園八校尉を務めていた人物。なお、西園八校尉はかつて袁紹や曹操も務めたことがある役職だ。董卓が洛陽を支配するようになると袁紹に仕え、沮授や郭図とともに軍の司令官である三都督を務めた。「官渡の戦い」では食料庫がある烏巣の守備を任されたが、連日酒宴を開いて警戒を怠っていた。この状況を曹操軍に寝返った許攸が密告したため、攻撃を受けて烏巣は炎上。淳于瓊は捕らえられ、耳と鼻、指を切り落とされて袁紹軍に返され、激怒した袁紹に処刑された。

裏切り者の密告で重要拠点を失う

英雄トリビア: 立派に戦った『正史』の淳于瓊

無残な最期を迎えた淳于瓊だが正史では展開が異なる。烏巣の守備をしていたのは共通だが、曹操軍に襲撃されても奮戦し、楽進によって討ち取られている。

Illustration: 日田慶治

麴義（きくぎ）

白馬義従を破った名将

字	不詳
生没年	不詳
出身地	不詳

区分：武官

- 戦闘：★★★★☆
- 知力：★★★★☆
- 運：☆☆☆☆☆
- 野心：🔥🔥🔥🔥♡

友好武将：袁紹、文醜
敵対武将：趙雲、公孫瓚

第2章　袁紹　麴義

対騎兵隊戦術のスペシャリスト

若いころは涼州で生活し、このころに騎馬民族の戦術を学んだという。最初は韓馥に仕えたが、のちに裏切って袁紹に仕えた。麴義とその部下たちは騎兵隊との戦いに慣れており、「白馬義従」という騎兵隊を擁する公孫瓚との戦いで、その実力を発揮した。「界橋の戦い」でわずか800人の部下を率いて白馬義従と激突した麴義は、盾を構えて敵を近くまで誘い込むと、強弩の一斉射撃で敵を撃破。敵将の厳綱も討ち取ったのである。しかし運悪く趙雲と出くわしてしまい、数回打ち合っただけで討たれてしまった。

英雄トリビア：おごり高ぶった態度が死を招いた

正史では麴義は「界橋の戦い」のあとも生き残り、公孫瓚を追い詰めていく。しかし、戦功を誇って傲慢になったため、袁紹に誅殺されてしまった。

Illustration: 池田正輝

牢に入れられるまで諫言した真の忠臣

田豊 (でんぽう)

字	元皓
生没年	不詳〜200年
出身地	鉅鹿郡

軍師

- 戦闘 ★★☆☆☆
- 知力 ★★★★☆
- 運 ☯☯☆☆☆
- 野心 🔥🔥☆☆☆

友好武将：袁紹／沮授
敵対武将：郭図／逢紀

主君に届かずとも懸命に策を練る

若いころから英才で知られており朝廷の臣となったが、腐敗した朝廷に幻滅して帰郷。袁紹に請われて参謀となった。田豊の考え方は現実的だったが、名門の御曹司である袁紹は体裁にもこだわったため、田豊の献策は採用されないことが多かった。それでも直言をやめない田豊は、次第に袁紹に疎まれていく。そして「官渡の戦い」でついにふたりは決裂。短期決戦を望む袁紹は、反対する田豊を投獄してしまったのだ。しかし、戦いは袁紹軍の大敗に終わり、田豊は自分の運命を悲観して獄中で自殺してしまった。

英雄トリビア：宿敵に評価された恐るべき才能

田豊の名声は曹操にも届いていた。曹操はのちに「袁紹が田豊の献策を用いていれば、自分と袁紹の立場は逆になっていただろう」と言い、実力を高く評価している。

Illustration: 磯部泰久

第2章 袁紹 田豊

雄大な戦略を提示した参謀

沮授（そじゅ）

軍師

字	不詳
生没年	不詳～200年
出身地	広平郡

第2章　袁紹

沮授

- 戦闘 ★★☆☆☆
- 知力 ★★★★☆
- 運　☆☆☆☆☆
- 野心 ★★★☆☆

友好武将：袁紹、田豊
敵対武将：郭図、審配

田豊と並ぶ袁紹軍の優秀な頭脳

はじめは冀州牧である韓馥に仕えた。しかし、弱気な韓馥は袁紹の圧力に屈して冀州を奪われてしまう。これに失望したのか、沮授は韓馥のもとを去って袁紹に仕えた。袁紹に対しては冀州、青州、幽州、并州を支配し、献帝を迎えて大義名分を得るという策を進言した。袁紹はこの雄大な戦略を聞き入れて4州を併合したが、献帝の確保に失敗した。「官渡の戦い」では短期決戦を望む袁紹に反対したが聞き入れられず、曹操軍に敗北する。捕らえられた沮授は配下に誘われるが、拒否して処刑された。

英雄トリビア
敗北を予感しながら手を打てなかった悲劇の軍師

沮授は「白馬の戦い」で顔良を先鋒にすることや、「官渡の戦い」の短期決戦に反対した。いずれの場合でも袁紹軍は痛手を受けており、沮授の高い洞察力が光る。

Illustration: 佐藤仁彦

味方を陥れた悪しき参謀

郭図 (かくと)

字	公則
生没年	不詳～205年
出身地	潁川郡

軍師

第2章　袁紹　郭図

- 戦闘
- 知力
- 運
- 野心

友好武将　袁紹／淳于瓊
敵対武将　沮授／審配

策が裏目に出て袁家が迷走

袁紹に仕えた謀臣。「官渡の戦い」で曹操軍が烏巣を急襲してくると、郭図は先に敵本陣を落とす方針を提案した。しかし張郃は烏巣を救援すべきと反論し、意見が対立する。結局、戦力を分けて両方に対応するがどちらも敗北し、責任追及を恐れた郭図は張郃に責任をなすりつけた。このため張郃は立場を失い、曹操軍に降伏した。袁紹の死後は袁譚を後継者に推し、袁尚派と対立。曹操と同盟して対立候補を倒そうと画策したが、袁尚派の拠点を攻め落とした曹操軍に同盟を破棄されて攻め込まれ、戦死した。

英雄トリビア
正しい選択をしても小悪党の印象はぬぐえない

悪人のイメージがある郭図だが、袁家の後継者に袁譚を支持したのは長子相続の原則から見ても正しい。ただ、無意味に兄弟の対立を煽るなど、問題行動もあった。

Illustration: かみや

「官渡の戦い」で曹操を勝利に導く

許攸（きょゆう）

文官

字　子遠
生没年　不詳
出身地　南陽郡

戦闘 ★★★★☆
知力 ★★★★☆
運　★★★☆
野心 ★★★☆

友好武将：曹操、袁紹
敵対武将：許チョ、審配

第2章　袁紹
許攸

「官渡の戦い」で袁紹軍の謀主に任命され、曹操軍の本拠地である許都に兵がいないことを見抜き、許都への強襲を提案する。しかし袁紹に採用されず、タイミング悪く許攸の家族が罪を犯して逮捕されたため、立場を失って曹操軍に走った。曹操軍の一員となった許攸は烏巣に袁紹軍の食糧庫があることを暴露する。曹操はすぐに烏巣を強襲し、食糧を焼き払って袁紹軍を退却に追い込んだ。このように許攸は大功を立てたが、曹操にしつこく自慢話を続けたため、怒った許褚に斬られて死んでしまった。

知恵はあったが慎みがなく命を縮める

英雄トリビア：若気の至りが出世を妨げる

許攸は若いころに霊帝を廃立する大それた計画を立てるが、失敗したため逃亡して袁紹に仕えた。こうした過去が傷となり、許攸の策は採用されなかったという。

Illustration: 池田正輝

袁家の後継者問題を作った末っ子

袁尚(えんしょう)

字	顕甫
生没年	不詳～207年
出身地	汝南郡汝陽県

武官

第２章 袁紹 袁尚

- 戦闘 ★★★☆☆
- 知力 ★★☆☆☆
- 運 ☆☆☆☆☆
- 野心 🔥🔥🔥🔥

友好武将: 袁熙、審配
敵対武将: 曹操、郭図

袁紹に溺愛された美貌の後継者候補

袁紹の末子。容姿が美しく、袁紹に可愛がられた。「官渡の戦い」で敗北した袁紹は、後継者を指名しないで病没。このため長男の袁譚と末子の袁尚のあいだで後継者問題が発生し、袁家は真っ二つに割れて激しく争いを始めた。袁家の内紛は曹操に絶好の機会を与えることとなる。袁尚は曹操軍に本拠地の鄴を奪われ、もうひとりの兄・袁熙が治める幽州へと逃れるが、部下に裏切られて袁熙ともども幽州を追われる。そして逃走の末にようやく公孫康が治める遼東にたどり着くが、曹操を恐れた公孫康に殺された。

英雄トリビア
武勇に優れていた気鋭の若武者

袁尚は袁家の後継者としては今ひとつだったが、武将としては光るものがあった。「倉亭の戦い」では曹操軍の史渙との一騎討ちに勝利し、袁紹を喜ばせている。

Illustration: 日田慶治

袁家に忠義を尽くした烈士

審配

字	正南
生没年	不詳～204年
出身地	汝南郡汝陽県

君主 / 軍師 / **武官** / 文官

- 戦闘 ★★★★☆
- 知力 ★★★☆☆
- 運 ☯☯☯☯☯
- 野心 🔥🔥

友好武将：袁尚、逢紀
敵対武将：曹操、郭図

第2章 袁紹 審配

曹操軍を苦戦させた籠城戦の達人

若いころから忠義の士として有名な人物で、評判を聞いた袁紹に気に入られて配下となった。「官渡の戦い」の敗戦から2年後に袁紹が死ぬと、袁家では後継者争いが発生する。審配は末子の袁尚を後継者に推すが、審配と仲が悪かった郭図は長男の袁譚を支持した。審配らの袁尚派は本拠地の鄴から袁譚派を追い払ったが、袁譚派は曹操と同盟して鄴に攻め寄せた。審配は曹操の大軍を相手に半年近く戦い続けたが、甥の審栄の裏切りで敗北する。曹操は審配の能力を惜しんで配下に誘うが、審配は断って処刑された。

英雄トリビア
間接的に袁紹軍を大敗させた審配の働き

「官渡の戦い」の直前、審配は罪を犯したとして許攸の家族を逮捕した。これが許攸の裏切りの原因になり、結果的に袁紹軍の敗北に繋がるとは皮肉である。

Illustration: 藤川純一

高覧

郭図の嘘で主君を変える

字 不詳
武官
生没年 不詳　出身地 不詳

顔良と文醜が討たれたあとに登場する武将。「官渡の戦い」で烏巣が攻撃を受けたとき、張郃とともに曹操軍本陣への攻撃を担当したが、本陣を破れず撤退。その後、郭図の嘘によって袁紹軍での立場を失ったため曹操に降伏した。

Illustration: 夜鳥

逢紀

謀略が得意な古参の将

字 元図
文官
生没年 不詳〜202年　出身地 南陽郡

冀州牧の韓馥を説得して袁紹に冀州を譲らせた功労者だが、「官渡の戦い」では田豊を牢屋に送った人物でもある。袁紹の死後は、袁尚を後継者に推した。袁譚からの援軍要請を何度も断ったため、怒った袁譚に斬られてしまう。

Illustration: 池田正輝

荀諶（じゅんしん）

河北統一に貢献した軍師

- 軍師
- 字　友若（ゆうじゃく）
- 生没年　不詳
- 出身地　潁川郡潁陰県

　曹操の軍師として活躍した荀彧の兄で、袁紹に仕えた。曹操に対する戦略を話し合う場面で、短期決戦を支持した。演義での登場はこれだけだが、正史では冀州牧の韓馥を説得して、袁紹に冀州を譲らせた論客のひとりである。

- 戦闘
- 知力
- 運
- 野心

Illustration: 佐藤仁彦

袁熙（えんき）

妻も国も奪われた不運な公子

- 武官
- 字　顕雍（けんよう）
- 生没年　不詳〜207年
- 出身地　汝南郡汝陽県

　袁紹の次男で、幽州を統治した。妻の甄氏は鄴に残っていたが、曹操軍が鄴を攻め落としたとき、曹丕に奪われて妻とされた。その後、袁熙は逃げてきた袁尚を保護するが、部下に裏切られて幽州を追われ、逃亡先の遼東で殺害された。

- 戦闘
- 知力
- 運
- 野心

Illustration: 佐藤仁彦

第2章　袁紹

荀諶／袁熙

三国志コラム 5

三国志の一騎打ち

戦いを彩る名勝負列伝

武将と武将の力比べ

　三国志では数多くの戦いが登場するが、そのなかでひときわ華々しいのが一騎討ちだ。各軍を代表する有名な武将たちが繰り広げた戦いは、三国志の戦いを語るうえで決して欠かせないものである。ここからは、各武将の一騎討ちを戦ごとに分類し、それぞれの名勝負を紹介していこう。

おもな一騎討ち

官渡の戦い 関羽 VS 顔良

袁紹による曹操の討伐で先頭を務めたのは、猛将・顔良。曹操軍は熾烈な攻撃を受け、劣勢だった。このとき、顔良の前に立ったのが、当時、曹操軍に身を寄せていた関羽である。関羽は顔良をあっというまに斬り捨て、曹操軍を勝利に導いた。

劉備の益州入り 張飛 VS 馬超

漢中と益州の国境にある葭萌関に馬超が攻め込んだ際、劉備軍から張飛らが出陣。そこで張飛と馬超の一騎討ちが行われた。お互いにゆずらず、数百回にわたっての打ち合いは夜まで続くが、劉備が割って入り引き分けとなった。

定軍山の戦い 黄忠 VS 夏侯淵

夏侯淵の部隊が少ないと知った黄忠らは、本陣から離れた場所に火を放って燃やした。するとこれを消火しようとわずかな軍勢で夏侯淵が出陣。これを好機と見た黄忠らは山を駆け上がり、夏侯淵を見下ろす場所から強襲し、見事討ち取ったのだ。

潼関の戦い 馬超 VS 許褚

張飛と互角に戦った馬超だが、曹操軍の許褚とも激しい死闘を演じている。「潼関の戦い」で一騎討ちとなったふたりは、お互い打ち合うも2戦して決着がつかず。3戦目には許褚は暑さを理由に上半身裸で挑んだという。

黄巾族残党討伐 — 典韋 VS 許褚

曹操の命で何儀を捕えにいった典韋は、ひとりの農民が何儀を捕らえられている場面に出くわす。その農民こそ許褚。許褚が引き渡しを拒否したため、典韋と一騎討ちとなったのだ。互角に戦ったと知った曹操は、その勇猛さに惚れ込み許褚を配下とした。

関羽千里行 — 関羽 VS 夏侯惇

劉備のもとへ戻るため、5つの関所を突破することを決めた関羽。最後の関所を突破したところで追ってきたのは夏侯惇だった。ふたりは死闘を繰り広げるが、張遼が曹操から許しの伝言を持ってきたため夏侯惇が引き、関羽は無事に突破した。

江東の戦い — 孫策 VS 太史慈

部下を引き連れて偵察中だった孫策に、敵将を倒す好機と見て戦いを挑んだのが同じく偵察中だった太史慈。孫策は武勇を好む性格だったため、一騎討ちに応じるが、互いに譲らず勝負は引き分けに。その後、孫策は太史慈を味方に引き入れた。

樊城の戦い — 関羽 VS 龐徳

関羽討伐戦の際、龐徳がもともと馬超の部下だったことを理由に、裏切りを心配する声があった。龐徳は自分の忠誠をしめすため、自分か敵か、敗れた方が入るための棺桶を用意。決死の覚悟で戦いに挑むも、力及ばず敗れ、降伏せずに死を選んだ。

第2章 三国志コラム ⑤三国志の一騎討ち

こんな戦いも！ 一騎討ち番外編

一騎討ちのなかには、まさに伝説と思える華々しい戦いも逸話として残されている。ここでは虎牢関の戦いで起こった呂布と劉備ら義兄弟の対決、そして正史に残っている数少ない一騎討ちとして有名な閻行と馬超の秘話を紹介していこう。

虎牢関の戦い — 呂布 VS 劉備・関羽・張飛

虎牢関を守る呂布に挑んだ張飛だが、なかなか決着がつかず、そこに関羽が加勢した。猛将2人の攻めをも凌ぐ呂布。さらに劉備が加わって、3対1となると、さすがの呂布も撤退した。最強の呂布と名馬・赤兎馬のコンビは、「人中の呂布、馬中の赤兎」と賞賛された。

閻行 VS 馬超 — 涼州の争い

五虎将軍のひとりで「錦馬超」と呼ばれた馬超と一騎討ちをし、あと一歩まで追い詰めたのが閻行だ。閻行は馬超を刺し、矛を折って首筋を殴りつけ、討ち取る寸前だったと記録が残っている。

袁術軍の勢力図

名門袁家の子息である袁術が興した勢力。南陽を拠点とし、黄巾の乱や反董卓連合を機に勢力を拡大。一時は華北の袁紹と並ぶ二大勢力と称されるまでに成長する。しかし、袁紹との勢力争いに敗れて南陽を失うと、その勢いも失速。孫策から手に入れた「玉璽」を根拠に、皇帝を称して再起を図ったが、これが諸侯の反発を招いたほか、民を苦しめる悪政を行ったことで家臣たちも続々と離反。その後の戦いでも敗北を続けた袁術は、領土を捨て袁紹を頼ろうとするも、その道中で病死。そのまま袁術軍は滅亡してしまった。

袁術【えんじゅつ】

玉璽を手に入れ皇帝を名乗るも悪政を行い滅亡した

興亡のキーとなった3つの事件

反董卓連合に参加

群雄の一員として反董卓連合に参加。名家出身であったことからその中核を担い、孫堅を影響下に置き、191年の「陽人の戦い」で董卓軍に勝利し、勢力を拡大。

関連する人物
董卓（P.121）
孫堅（P.91）

「襄陽の戦い」で敗北

董卓討伐後、袁紹と対立。袁紹と手を結んだ劉表を攻略するよう孫堅に命じ、191年に「襄陽の戦い」を起こすが敗北。この戦いで孫堅は戦死してしまった。

関連する人物
袁紹（P.137）
劉表（P.157）

皇帝を名乗ったことで勢力が衰退

197年、「玉璽」を手に入れ皇帝を自称し、諸侯の反発を招く。その後、悪政による食糧不足解消のため淮南へ侵攻するも曹操軍に大敗。やがて滅亡した。

関連する人物
曹操（P.51）
孫策（P.90）

悪政で人々を苦しめた偽帝

袁術（えんじゅつ）

君主	軍師 / 武官 / 文官
字	公路
生没年	155年～199年
出身地	汝南郡汝陽県

- 戦闘 ★★★★☆
- 知力 ★★★☆☆
- 運 ●●●○
- 野心 🔥🔥🔥○

友好武将：紀霊、孫堅
敵対武将：袁紹、曹操

第2章 袁術

名門袁家の子息で、袁紹とは従弟といわれる。董卓が悪の限りを尽くしていたとき、その打倒に立ち上がった諸侯のひとり。だが、仲間である孫堅の功績を妬んで兵糧を出し惜しみしたり、劉備が貧しい出身の者であると侮辱したりするなど、小物ぶりが目立つ。その後、袁紹と対立するが、これに敗北し、勢力が縮小。孫策から「玉璽」を得ると、自ら皇帝を名乗るが、これが諸侯の反発を招き、呂布や曹操らとの戦いに相次いで敗北。敗走を重ねた末、最後は食料も尽き、絶望して血を吐いて死んでしまった。

皇帝を自称するも諸侯の反発を招き身を滅ぼす

英雄トリビア
民を苦しめる悪政を行い配下から見捨てられる

皇帝を自称した袁術は、贅沢三昧な暮らしの一方で、民に重税を課す悪政を行う。そのため家臣は次々と袁術を見限って離れ、これが滅亡の引き金となった。

Illustration: 藤川純一

紀霊

武と忠を兼ね備えた男

字	不詳
生没年	不詳～246年
出身地	山東郡

武官

- 戦闘：★★★★★☆
- 知力：★★☆☆☆
- 運：★★★☆☆
- 野心：★★☆☆☆

友好武将：袁術、張勲
敵対武将：関羽、張飛

関羽・張飛と渡り合った袁術軍きっての猛者

重さ50斤（約11kg）の三尖刀を操る、袁術軍を代表する猛将で、呂布に降った劉備との戦いでは、約3万の軍勢を指揮した。さらにこのとき、関羽と30回も打ち合うほどの互角の一騎討ちを行っている。また忠義の士でもあり、袁術が皇帝を自称して悪政を行うと、家臣の多くはそのもとを去ったが、紀霊は袁術を見捨てることなく最後まで付き従った。その後も紀霊は各地の戦いで勇猛果敢に戦ったが、袁術軍はこれに連戦連敗。最期は追討を命じられた劉備軍の張飛との一騎討ちに敗れ、討ち取られてしまった。

英雄トリビア：勇猛果敢な猛将だが知略はやや欠ける

猛将として知られた紀霊だが、徐州攻めの際には呂布の仲裁によってあっさりと兵を引かされたり、部下の裏切りにあって大敗したりするなど、知略には欠ける面があった。

第2章　袁術　紀霊

Illustration: 七片藍

袁術軍を束ねる大将軍

張勲

君主 / 軍師 / **武官** / 文官	
字	不詳
生没年	不詳
出身地	不詳

- 戦闘 ★★★★☆
- 知力 ★★☆☆☆
- 運 ★★★★☆
- 野心 ★★★☆☆

友好武将：袁術／紀霊
敵対武将：呂布／陳珪

第2章 袁術 張勲

少数の呂布軍に あっさりと敗れ 歴史から姿を消す

演義では劉備、正史では曹操に近づいた人物で、袁術が揚州を占拠したとき、橋蕤とともに大将軍に取り立てられた武将。演義では20万もの大軍を率いて呂布を攻めるも、少数の呂布軍にあっさりと敗れ、そのまま消息不明となっている。正史によれば、このときの張勲の軍勢は数万、対する呂布軍は3000あまりで、実際にかなり有利な状況であったようだ。しかし、陳珪の策略によって部下の韓暹、楊奉が裏切ったことで、呂布軍との挟み撃ちに遭い、軍勢は壊滅。張勲は命からがら揚州へ逃げ帰ったとされる。

英雄トリビア 『正史』でも不明な張勲の最期

正史によると、袁紹の死後、張勲は孫策のもとへ身を寄せようとするが、途中で劉勲の攻撃を受けて捕らわれの身となり、その後は不明なままである。

Illustration: よじろー

劉表【りゅうひょう】

大国となる可能性をおおいに秘めていた国

劉表の勢力図

漢皇室の一族である劉表を筆頭に、荊州を収めていた勢力。荊州はもともとその土地に住む豪族たちが集まった場所で、これを劉表が統一した。優秀な人材が集まっていて、劉備の軍をも扱える劉表軍は勢力として申し分なかったとされる。事実、曹操の標的となったときも劉備を先手に立てて凌いでいた。しかし、劉表はあくまでも自分から手を出すことはなく、受け身の体制を整えていた。これが結果として仇となり、劉表が臨終を迎えると好機をうかがっていた曹操が進軍。さすがに荊州を守りきることができず奪われてしまった。

興亡のキーとなった3つの事件

荊州を守り抜いた「襄陽の戦い」

袁術の意を受けた孫堅が荊州に侵入。劉表は黄祖に命じてこれを防ぎ、袁紹と同盟して抵抗した。苦戦をしつつも孫堅を討ち取り、荊州の防衛に成功している。

関連する人物
孫堅（P.91）
黄祖（P.158）

袁紹からの要請を断った「官渡の戦い」

袁紹と曹操が激しくぶつかり合った「官渡の戦い」。ここで袁紹は劉表に対して援軍を要請したものの、自ら出征していたことからこれを断り、袁紹は滅亡した。

関連する人物
袁紹（P.137）
劉表（P.157）

曹操が荊州に侵攻を開始

それまで何度か荊州に侵攻してきた曹操が、208年に再度侵攻。曹操が荊州入りする直前になって劉表は病死し、劉琮が家督を継ぐこととなった。

関連する人物
曹操（P.51）
劉琮（P.161）

荊州を治めた学者肌の君主

劉表 （りゅうひょう）

| 君主 | 軍師 | 武官 | 文官 |

- 字：景升
- 生没年：不詳～208年
- 出身地：山陽郡

- 戦闘 ★★★★☆
- 知力 ★★★☆☆
- 運 ●●●●○
- 野心 🔥🔥○○○

友好武将

黄祖／蔡瑁

敵対武将

曹操／孫権

第2章 劉表（りゅうひょう）

中立の立場を貫くも何もせぬまま没する

曹操、劉備、孫権らが、のどから手が出るほどほしがった荊州を治めていた人物。前漢・景帝の血筋を引いた由緒のある家系出身で、若いころから社交的で「江夏の八俊」に数えられる知識人でもあった。劉備の軍を手元に置くなど、兵力を持っていたにも関わらず、あくまでも中立主義を貫いており、曹操が北伐で不在という絶好の機会でも軍を動かす決断をしなかった。結局、きちんと体勢を整えて侵攻してきた曹操を食い止める術はなく、自身は病死。蔡瑁の甥である劉琮が跡を継いだが、荊州は奪われた。

英雄トリビア
荊州が発展した理由は安定していたことにあり

劉表が刺史として赴任したころの荊州は不穏な状態であった。しかし、これを鎮圧すると、戦乱から逃れた人物を幅広く受け入れた。そのため、多くの名士が集まったという。

Illustration：池田正輝

荊州の地を守った武将

黄祖(こうそ)

字	不詳
生没年	不詳～208年
出身地	不明

武官

- 戦闘: ★★★★☆
- 知力: ★★☆☆☆
- 運: ☯☯☯☯
- 野心: 🔥🔥🔥

友好武将: 劉表
敵対武将: 黄蓋、甘寧

孫堅を討ち取るも その後は狙われ続ける

出身地や字などが不明で、劉表配下の一武将という存在である。その名を知らしめたのは孫堅を討ったことにある。袁術の命を受けて攻め込んできた孫堅に対して、黄祖は江夏軍を率いて防戦。ここでは大敗したが、孫堅追撃戦で部下の呂公が孫堅を討ち取り武勲をあげた。その後は孫堅の子孫や部下から仇として狙われるようになる。その後、敵軍の将・黄蓋に捕らわれてしまい、孫堅のなきがらとの交換材料とされてしまった。劉表はこれに素直に応じていたことから、黄祖を評価していたことは間違いないだろう。

英雄トリビア
甘寧を軽視したため甘寧に討たれる

孫権との戦いで黄祖は猛将・甘寧を「水賊上がり」といって軽視した。これに不満を持った甘寧は孫権に投降。のちに敵対した甘寧の手によって殺害されてしまった。

Illustration: 佐藤仁彦

第2章 劉表 黄祖

劉表のずるがしこい重臣

蔡瑁（さいぼう）

字	徳珪
生没年	不詳〜208年
出身地	襄陽郡

区分：武官

- 戦闘: ★★★★☆
- 知力: ★★★★☆
- 運: ●●●●○
- 野心: 🔥🔥🔥🔥○

友好武将：孫乾、劉琮
敵対武将：曹操、劉備

第2章 劉表 蔡瑁

自らの野心を達成するため策略を繰り返した人物

演義では玉璽を見つけて持ち帰ろうとする孫堅を討った場面で登場。苦戦しながらも孫堅を追い詰めたが、捕り逃してしまう。その後に戦った際にも敗走するなど、イマイチな様子が描かれている。

曹操に敗れた劉備が劉表のもとを訪れた際には、荊州統治の野望を持っていた自身の邪魔になると考え、2度も暗殺計画を企てた。いずれも失敗に終わり、さらにこの件を耳にした劉表は激怒。蔡瑁は斬首されそうになる。しかし、劉備の幕僚である孫乾が口添えを行ったことで、これを逃れた。

英雄トリビア ― 野心家が歩んだ悲劇の結末とは？

劉表の死後、蔡瑁は遺書を偽造して劉琮を跡継ぎにと画策。さらに曹操が荊州に入ると配下となった。のちに水軍大都督に就任したが、呉に内通していると思われ処刑された。

Illustration: 池田正輝

曹操に認められた荊州の名士 蒯越（かいえつ）

文官 字 異度 生没年 不詳〜214年 出身地 襄陽郡中廬県

名馬・的廬は不吉だからと劉表に手放すよう進言した人物。劉表が死亡すると、跡を継いだ劉琮に曹操への降伏を進言。戦わずして荊州を占領できた曹操は、「荊州を得たよりも蒯越を得たことが嬉しい」と告げたという。

- 戦闘 ★★★☆☆
- 知力 ★★★★☆
- 運 ★★★★☆
- 野心 ★★★☆☆

Illustration: 伊吹アスカ

忠義と戦いに生きた名将 文聘（ぶんぺい）

武官 字 仲業 生没年 不詳 出身地 南陽郡宛県

劉表に仕え、北方守備を担当した名将。曹操が荊州に入ったときも出頭せず、それを問われると国を保てなかったことをあげ忠義の士であることを見せつけた。これを聞いた曹操は文聘を称賛し重用し、文聘もこれに応える活躍を見せた。

- 戦闘 ★★★★☆
- 知力 ★★★☆☆
- 運 ★★★☆☆
- 野心 ★★☆☆☆

Illustration: 中山けーしょー

劉琦 りゅうき

時代に見放された病弱な武官

武官
字 不詳
生没年 不詳～209年　出身地 山陽郡高平県

劉表の長男。賢明で政治に明るかったが、性格が穏やかすぎたとされる。劉表の死に目にも会えず、「赤壁の戦い」後に荊州牧になったが、生まれつき体が弱かった劉琦は病に倒れる。魯粛が外交交渉で訪れたときは家臣に抱えられていたほど。

Illustration: 池田正輝

劉琮 りゅうそう

担ぎ上げられたハリボテの後継者

武官
字 不詳
生没年 不詳～254年　出身地 山陽郡高平県

劉表の後妻である蔡夫人の子。劉表が亡くなった際に、偽の遺書で跡継ぎへと担ぎ上げられた。曹操に荊州を渡して安泰の日々を送ろうと思ったのも束の間、青洲行きを命じられてしまう。その道中で于禁に一族全員が殺害された。

Illustration: 磯部泰久

第2章　劉表　劉琦／劉琮

三国志コラム ⑥

三国志の兵器

戦いの歴史に兵器あり

戦いを有利に進めるために作られた兵器

三国志の戦いでは多くの兵器が使われたことでも知られている。敵の状況を分析し、それに対して効率よく攻め込むために編み出された兵器の数々は、歴史を塗り替えるひとつの要因だったのだろう。

発石車（官渡の戦い）

官渡で激突した袁紹と曹操。袁紹は土の山を築き、さらに壁よりも高いやぐらを組んでその上から矢の雨を降らせる作戦で曹操軍を苦しめた。これに対して曹操は、巨大な石を放つ「発石車」を開発。やぐらを次々と破壊したことで、その後の戦いを有利に進めたのだ。

曹操
高いやぐらを組んで矢による攻撃を仕掛けてきた袁紹に対して発石車で攻め立てる。

VS

袁紹
曹操の発石車に対して、地下道を掘って曹操に対抗。戦いは長期化していった。

木牛、流馬（祁山侵攻）

戦いでの補給の重要性を知る諸葛亮は、祁山侵攻の際に自ら発明した「木牛」と「流馬」で兵糧などの物資を運んだという。山間に位置する蜀の悪路でも、少ない人数で物を運べるようにと考案されたらしいが、一輪車である、四輪であるなどさまざまな説があり、詳細は不明だ。

諸葛亮
正史の「諸葛亮伝」には木牛と流馬の制作方法が書かれており、実在はしていたようだ。

雲梯、衝車、井欄（陳倉の戦い）

漢中の要所でもある陳倉。ここに攻め込もうとした諸葛亮の前に立ちはだかったのは、要塞と化した堅固な城だった。そこで諸葛亮は新兵器を投入した。まず、ハシゴ付きの戦車である雲梯で城壁を登ろうとするが、火矢の一斉射撃を受けて失敗。続いて城門を破ろうと突撃用の戦車である衝車を投入。しかし、こちらも上から石臼を投げ落とされ壊されてしまった。

さらに移動式のやぐらである井欄で攻め込んだが、城壁の内側に防壁を築かれ決定打とはならなかった。敵兵約1000人に数万という圧倒的な兵力差で挑んだにもかかわらず城は落とせず、蜀軍は全軍撤退した。

張郃
魏の援軍として派遣された張郃であったが、蜀は食料不足で撤退すると予測していた。

第2章 三国志コラム ⑥三国志の兵器

水上戦で活躍した「軍船」

「赤壁の戦い」など、水上を舞台にして行われた戦いでは船が大活躍している。当時の船は、現在の「ジャンク」と呼ばれる形式の木造船が主流で、強大な波を受ける外洋での運用には向かず、おもに河川や湖沼で使われていた。戦いで使用された軍船は使い方によって大きさや形が違い、戦闘方法に応じて見合うものが運用されていた。

【楼船】
二層以上の船体を並べ、その上に甲板を置いた大型船。船体を囲むように防御板が立てられたまさに水上要塞ともいえる風貌で、総大将などの要人が乗船していた。

【露橈】
楼船と同様に漕ぎ手が船内に保護される構造が特徴の中型船。大量の兵士を乗せて敵船へと近づいていき、隣接したら斬り込み役を送り込む役目を担当していた。

【蒙衝】
船首に固く鋭い突起物をつけた中型船。敵の船に突撃して船体そのものにダメージを与えるために作られた。現代の魚雷のような役割を担っていたと思われる。

【走舸（艇）】
少数の兵が乗り込む小型船。船体の取り回しがよかったため、敵の攻撃をかいくぐって近づき白兵戦を仕掛けるほか、偵察や伝令など多くの役割で運用された。

劉璋の勢力図

劉璋の一族は前漢の魯王・劉余の末裔で、皇族に連なる家系だ。「黄巾の乱」が発生した際、劉璋の父・劉焉は益州の長官に就任した。益州は中央から離れた辺境にあり、険しい山々に囲まれながらも豊かな土地。劉焉はこの地で基盤を固めつつ、中央からの独立を目指した。しかし、劉焉は194年に病死。跡を継いだ劉璋は統率力に欠け、勢力が徐々に弱体化するなかで混乱が生じる。そして、ついには反劉璋派の家臣たちによって劉備の勢力が入蜀する事態となり、劉備に領土を乗っ取られる形で214年に瓦解した。

劉璋【りゅうしょう】

益州を基盤とし独自に勢力を張った皇帝の血縁

興亡のキーとなった3つの事件

李傕との戦いで子どもたちが死去

劉焉は李傕との戦いで息子を失い、その後に落雷で居城が焼失。不幸が続いた心痛から病気で亡くなった。せめて息子たちが生きていれば、また違ったかもしれない。

関連する人物
馬騰（P.171）
李傕（P.125）

張松の進言に従い劉備を招く

211年、曹操や張魯への対抗策を模索する劉璋は、張任や王累らが強く反対する声を押し切り、張松らの進言に従って劉備を益州に招き入れてしまう。

関連する人物
劉璋（P.165）
張松（P.168）

猛将・馬超が劉備軍に参加

214年に成都が包囲された際、当初は劉璋も抵抗を続ける気だった。しかし、馬超が劉備軍に加わったと知り、劉璋は領民への被害を恐れて降伏を決めた。

関連する人物
劉璋（P.165）
馬超（P.19）

乱世で没落した皇帝の血族

劉璋 (りゅうしょう)

君主	
字	季玉
生没年	不詳～219年
出身地	江夏郡竟陵県

- 戦闘: ★★☆☆☆
- 知力: ★★☆☆☆
- 運: ★★☆☆☆
- 野心: ★☆☆☆☆

友好武将: 張任、冷苞
敵対武将: 劉備、張松

第2章 劉璋

益州の長官を務めた劉焉の四男。194年に亡くなった父・劉焉の跡を継いで、益州の長官となった。劉璋は独立を目指した父と違って野心がなく、争いも好まなかった。同時に統率力にも欠けた平凡な人物で、民衆や家臣のあいだに不満が高まり、離反する者や反乱を起こす者もあった。のちに張松や法正らの主張に従って劉備を迎え入れたが、張松らの陰謀だと知って劉備と対決。しかし、劉備軍に成都を包囲されて降伏し、荊州西部の公安に移された。その後、呉の孫権が荊州を奪った際、劉璋は孫権の配下となっている。

力量が足りず劉備に領国を奪われる

英雄トリビア
君主としては落第だが人としては善良だった

成都が包囲された際、劉璋軍にまだ戦う力はあったが、劉璋は「これ以上、領民を苦しめられない」と降伏を選んだ。暗愚君主だったが、人としては善良だったようだ。

Illustration: 日田慶治

混乱に乗じて独立を目論む

劉焉 （りゅうえん）

君主	軍師	武官	文官
●				

- 字： 君郎
- 生没年： 不詳～194年
- 出身地： 江夏郡竟陵県

- 戦闘： ★★★★☆
- 知力： ★★★☆☆
- 運： ★★☆☆☆
- 野心： ★★★★☆

友好武将： 馬騰、劉璋
敵対武将： 李傕、郭汜

権勢を誇るも息子を失った失意のうちに病没

江夏郡竟陵県の生まれ。政治手腕に長け、皇族に連なる一族ということもあって、洛陽の長官や南陽郡の太守などを歴任。後漢末期の混乱に乗じて益州の長官に就任した。劉焉は民衆や官僚たちを巧みに手なずけて地盤を固め、やがて中央からの独立を画策。反対勢力を一掃して権勢を誇った。その後、馬騰と結んだ劉焉は、長安を奪おうと董卓の後継者となっていた李傕と戦う。しかし、計画が露見したこともあって敗北。中央にいた長男と次男は李傕によって処刑され、劉焉は喪失感から病いにかかって亡くなった。

英雄トリビア　事前に計画がもれてしまい殺害されたふたりの息子

劉焉の長男と次男は献帝に仕えていた。長安攻略の際は息子たちが内部から呼応する予定だったが、事前に計画がもれて失敗。長男は逃亡するも殺害され、次男も処刑された。

Illustration: 藤川純一

主君への忠義をまっとうした勇将

張任（ちょうじん）

| 君主 | 軍師 | **武官** | 文官 |

- 字：不詳
- 生没年：不詳～213年
- 出身地：蜀郡

戦闘 ★★★★
知力 ★★★
運 ●●●●●
野心 🔥🔥

友好武将
劉璋　冷苞

敵対武将
劉備　龐統

第2章　劉璋

張任

益州蜀郡の出身。貧しい家の出ながら、優れた能力を認められて益州長官の幕僚に加えられた。劉璋が劉備を迎え入れようとした際、張任は危険性を説いて反対。その後、酒宴の席で魏延が劉璋暗殺を狙った際は、その思惑を察知して阻止している。劉璋が劉備との対決を決意すると、張任は雒城で劉備軍を迎撃。龐統を討ち取る活躍を見せるが、のちに諸葛亮の計略にかかって囚われの身となった。張任は劉備から再三帰順を勧められるも、「二君に仕えず」とこれを拒否。劉備はやむなく張任の処刑を命じたという。

劉備軍を迎撃 大いに奮戦して龐統を討ち取る

英雄トリビア
酒宴で剣舞の相手を務め魏延の剣から主君を守る

劉璋が劉備を招いた宴席で、魏延が剣舞にかこつけて劉璋暗殺を狙った。これに気づいた張任は「剣舞には相手が必要」と剣を抜き、魏延の相手を務めて暗殺を未然に防いだ。

Illustration: 中山けーしょー

第2章 劉璋

張松／王累

陰謀が露見し処刑される　張松

文官
字　子喬
生没年　不詳～212年
出身地　蜀郡成都

蜀郡成都の生まれ。曹操への使者を務めたが、軽視されて腹を立て曹操と決裂。その後、劉備を訪ねた張松はもてなされて感激し、暗愚な劉璋にかわって劉備を益州に迎えようと考えたが、不注意から計画が露見して処刑された。

戦闘
知力
運
野心

Illustration: かみや

決死の覚悟で主君を諫める　王累

文官
字　永年
生没年　170年～211年
出身地　広漢郡

劉璋に忠実な家臣。劉備を迎え入れることに強く反対し、劉璋が劉備を出迎えようとした際は、城門に自身を逆さ吊りにして諫めた。しかし、劉璋が聞き入れないとわかると、王累は自ら剣で縄を切って落下、死亡した。

戦闘
知力
運
野心

Illustration: 中山けーしょー

高沛（こうはい）

劉備暗殺を狙うも失敗する

武官
字 不詳
生没年 不詳〜212年　出身地 蜀郡

益州蜀郡の生まれ。楊懐とともに白水関を守備していた。龐統の策で劉備が荊州に帰るそぶりを見せると、楊懐とともに見送りのふりをして劉備を暗殺しようとした。しかし、見破られて処刑され、軍勢は劉備軍に吸収された。

Illustration: よじろー

第2章　劉璋

冷苞（れいほう）

不屈の闘志もむなしく斬首

武官
字 不詳
生没年 不詳　出身地 不詳

詳細が不明な武将。劉備の迎え入れに反対し、張任とともに宴席で劉璋を守る。のちの戦いでは雒城を守備。敗れて捕虜となるが、張任らの説得を条件に釈放され軍に復帰した。しかし、またも敗れて捕えられ、今度は処刑された。

Illustration: 磯部泰久

高沛／冷苞

馬騰 【ばとう】

涼州を拠点とする後漢で活躍した名将・馬援の末裔

馬騰の勢力図

後漢の名将・馬援の末裔を称した馬騰の勢力。馬騰は涼州の太守として漢王朝に忠義を尽くし、董卓やその残党と戦った。曹操が台頭すると、献帝から内密の命令を受けた同士らと結び、2度に渡って曹操暗殺を計画。しかし、いずれも失敗して逆に皆殺しとなった。その後、涼州にとどまっていた馬騰の子・馬超が韓遂らと挙兵。潼関の戦いで曹操を追い詰めたが、策略によって敗退した。のちに馬超は再度挙兵したが、大敗して一族の多くを失い衰退。馬一族は、馬超や馬岱などがわずかに生き残るのみとなってしまった。

興亡のキーとなった3つの事件

一族の約200名が皆殺しに

曹操の呼び出しに応じた馬騰は、2度目の暗殺を計画するもまたもや失敗。馬騰は同行していた一族もろとも皆殺しにされ、馬一族は大きく数を減らすことになった。

関連する人物
- 曹操（P.51）
- 馬騰（P.171）

策略により盟友・韓遂と決別

211年の「潼関の戦い」で、馬超は並外れた武勇により一時は曹操を追い詰めた。しかし、曹操の参謀・賈詡の策略で韓遂との仲を裂かれ、その隙を突かれて敗退した。

関連する人物
- 韓遂（P.172）
- 賈詡（P.67）

残っていた一族の大多数を喪失

馬超は羌族と結んでふたたび挙兵したが、曹操軍に大敗。馬超は張魯を頼って落ち延びたが、生き残っていた一族の多くがこの戦いで失われ、衰退は決定的となった。

関連する人物
- 曹操（P.51）
- 馬超（P.19）

正義感にあふれる涼州の太守

馬騰(ばとう)

| 君主 | 軍師 | 武官 | 文官 |

- 字: 寿成
- 生没年: 不詳〜212年
- 出身地: 扶風郡茂陵県

戦闘 ★★★★★
知力 ★★☆☆☆
運 ●●●●○
野心 🔥🔥🔥🔥○

友好武将: 韓遂、劉焉
敵対武将: 董卓、曹操

衰えた漢王朝に忠義を尽くし曹操に倒される

涼州の太守で、諸侯が結成した反董卓連合に参加し、董卓やその残党と戦った。曹操が台頭すると、献帝から密かに命令を受けた董承と結んで曹操暗殺を図る。計画が事前に発覚して董承は処刑されるが、涼州にいて難を逃れた馬騰は、その後も機会をうかがっていた。その後、孫権討伐を名目に曹操から呼び出された馬騰は、あえてこれに応じて再び暗殺計画を練る。ところが、関係者の不注意からまたもや計画が露見。馬騰は曹操軍に捕らえられ、同行していた一族もろとも処刑されてしまった。

英雄トリビア: 正義感あふれる性格は正史でも同じ?

正史での馬騰は、涼州の長官が悪徳役人を重用して起きた反乱の鎮圧部隊に参加。長官が部下の裏切りで殺されると、役人を倒すためか反乱軍に加わって逆に鎮圧されている。

第2章 馬騰

馬騰

Illustration: 中山けーしょー

義理を貫こうとした馬騰の義兄弟

韓遂(かんすい)

字	文約
生没年	不詳〜215年
出身地	金城郡

区分: 武官

第2章 馬騰 韓遂

- 戦闘 ★★★☆☆
- 知力 ★★★☆☆
- 運 ●●●●○
- 野心 🔥🔥🔥🔥○

友好武将: 馬騰、馬超
敵対武将: 李傕、曹操

涼州金城郡の出身。涼州の太守・馬騰とは義兄弟の契りを結んだ仲で、ともに董卓軍の残党と戦った。のちに馬騰を謀殺した曹操から、馬超の捕縛と引き換えに西涼公の座を約束すると持ちかけられるが、韓遂はこれを拒否して馬超とともに挙兵。大軍で攻め寄せた韓遂らは、「潼関の戦い」で曹操軍に少なからぬ打撃を与えた。ところが、韓遂は曹操の参謀・賈詡の策略によって馬超から曹操軍への内通を疑われ、ついには刃傷沙汰に発展。韓遂は馬超に左腕を斬り落とされてしまい、曹操に降ることになった。

馬超に味方して曹操と戦ったが左腕を失って降伏

英雄トリビア
馬超との仲を裂かれた「離間の計」とは?

曹操は韓遂と面識があったことから、会談の場を設けてわざと談笑して見せたり、馬超が韓遂に疑いを抱くような手紙を送り、馬超を疑心暗鬼にさせることに成功した。

Illustration: かみや

父・馬騰ともども曹操に斬られる

馬休（ばきゅう）

字	不詳
生没年	不詳〜212年
出身地	扶風郡茂陵県

区分：武官

- 戦闘：★★★★★
- 知力：★★
- 運：★★★
- 野心：★★★

友好武将：馬騰、馬超
敵対武将：曹操、李傕

第2章 馬騰／馬休

扶風郡茂陵県の出身で、涼州の太守・馬騰の次男。馬騰が曹操からの呼び出しに応じた際、弟の馬鉄とともに同行した。馬騰は曹操暗殺の機会をうかがっていたが、示し合わせていた黄奎が側室に計画を話してしまう。すると、側室と通じていた苗沢が曹操に密告して計画が露見。曹操を討つどころか、逆に曹操軍に包囲されてしまった。馬休は父や弟とともに奮戦するが、負傷して捕らえられ、一族とともに斬首された。このとき、従兄弟の馬岱は難を逃れて涼州に帰還。話を聞いた馬超が、仇討ちのため挙兵することになる。

父・馬騰に従い曹操暗殺を図るも返り討ちにあう

英雄トリビア：馬休や馬騰が処刑されたのは馬超の勘違いが原因だった

正史では、曹操が張魯を討伐しようとしたところ、自分たちを討つのではと疑った馬超が韓遂らと挙兵。馬休たちは、そのあおりで曹操に処刑されたという。

Illustration: 磯部泰久

三国志コラム 7
戦いの裏側

―― 幻の武器や名馬たち ――

第2章 三国志コラム ⑦ 戦いの裏側

武将が手にした所持品の数々

　三国志の武将にスポットを当ててみると、所持品に目がいく人物もいる。まるで伝説を思い起こすような武器や名馬が逸話として遺されているのだ。ここでは戦いの裏側で活躍した武器や名馬などを解説していこう。

演義で大活躍の武器たち

　武将が戦う際に使用した武器。演義では戦いの際にその特徴が描かれているものも数多くある。たとえば、曹操が作らせたとされる宝剣「倚天剣」は天を貫く剣とも言われていた。また、張飛の蛇矛は穂先がうねっていて、形がまるで蛇のようであったことからその名前が付けられといわれている。

呂布　方天画戟
槍のような武器の先に月牙と呼ばれる横刃が付いた武器。最強と呼ばれた呂布が愛用していた。

劉備　雌雄一対剣
桃園の誓いを果たしたのち、馬商人の張世平や蘇双から借りたお金で作らせたとされる双剣。

関羽　青龍偃月刀
刀と名前についているが、形状は薙刀に近い。重さは約18kgもあり、刃は冷たく光っていたとされる。

趙雲　青紅剣
鉄を泥のよう こ斬り裂いたと言われた趙雲の愛剣。もとは夏侯恩の持ち物だったが「長坂の戦い」で強奪。

戦場を駆け巡った名馬たち

名武将たちには名馬とのエピソードも多く見らる。たとえば「一日千里（約400ｋｍ）を走る」と評された赤兎馬。最初は董卓のものだったが、その後呂布のもとなる。続いて呂布を討った曹操のものとなり、曹操から関羽に譲られている。関羽が処刑されてから馬忠に与えられたが、関羽の死を察したのか草を食べなくなり死亡したという。

呂布　赤兎馬
赤い体毛でウサギのように素早いことから赤兎馬と言われた。匈奴族の汗血馬がモデルとされる。

曹操　絶影
曹操が乗馬したとされる名馬。その名前の由来は「影を留めないほどの速さ」にあったといわれる。

劉備　的盧
額に白い模様のある馬。この時代、このような特徴の馬を凶馬と呼び避けていたが劉備は愛馬とした。

第2章　三国志コラム　⑦戦いの裏側

孫堅が手にした「玉璽」

董卓を退けたあと、焼け落ちた洛陽の消火活動や歴代皇帝の墓の清掃などを担当していた孫堅が、古井戸の中から見つけたとされる「玉璽」。皇帝の印鑑であり、文書に玉璽が押されて初めて正式なものとされたため、権力の象徴であった。また、玉璽を持つ者が天から選ばれた者ともいわれていた。孫堅が玉璽を発見したときは、井戸から5色の光が発せられていたという。

戦をも止める恐ろしさ「イナゴの襲来」

曹操と呂布が激しく争った「濮陽城の戦い」。100日にも及ぶ熾烈な戦いを止めたのは、何と「イナゴの大群」である。稲や畑の作物を瞬く間に食い尽くしたイナゴの襲来により、兗州は大変な飢饉となった。正史では「飢えた人が互いの肉を食らうほど、凄まじかった」と伝えている。三国時代にかぎらず、イナゴの大群は中国で何度も猛威を振るっている。

南蛮（孟獲）の勢力図

漢民族の国家が勃興した中国周囲には、異民族が住んでいた。辺境に住む人々は異民族とも交流があり、南蛮の孟獲もそうした人物のひとりである。南蛮は中国の南西部、現在の雲南省付近。この地の人々は「西南夷」と呼ばれ、南蛮王・孟獲は、こうした異民族の豪族たちをまとめる存在だった。蜀の劉備が亡くなったのち、雍闓と高定、朱褒が反乱を起こし、孟獲は彼らと同調した。しかし、雍闓らは緒戦で諸葛亮の討伐軍に倒され、孟獲は周辺の豪族の助力を得て抵抗するも、最終的に心服。その後は南蛮の統治を任された。

南蛮【なんばん】

西南夷と呼ばれた中国の南西に住む異民族の勢力

興亡のキーとなった3つの事件

雍闓らが蜀の討伐軍に敗北

雍闓ら反乱軍に同調した孟獲だったが、反乱軍は諸葛亮の討伐軍にあっさり討ち破られてしまい、孟獲は自分たちの勢力のみで討伐軍と戦うことになってしまう。

関連する人物
諸葛亮（P.17）
孟獲（P.177）

本拠地の銀坑山を占領される

孟獲に加勢した木鹿大王も蜀軍のカラクリ兵器に敗北、関索に討たれた。本拠地の銀坑山を落とされた孟獲は、降伏を偽装して諸葛亮の暗殺を狙ったが失敗した。

関連する人物
関索（P.47）
木鹿大王（P.179）

ついに孟獲が諸葛亮に心服

烏戈国の王・兀突骨の軍勢は、刃を通さない藤の鎧を身に付け蜀軍を苦しめたが、諸葛亮の火計で全滅。捕らえられた孟獲は、またも釈放するという諸葛亮に心服した。

関連する人物
諸葛亮（P.17）
孟獲（P.177）

豪族たちをまとめる異民族の王

孟獲（もうかく）

君主 | 軍師 | 武官 | 文官

- 字：一
- 生没年：不詳
- 出身地：不詳

戦闘：★★☆☆☆
知力：★☆☆☆☆
運：★★★☆☆
野心：★★★★☆

友好武将：祝融、孟優
敵対武将：諸葛亮、魏延

第2章　南蛮

孟獲

蜀の南に位置する南蛮の王。蜀の南部・建寧で反乱を起こした雍闓らに加勢したが、雍闓は諸葛亮が率いる討伐軍によって早々に討たれ、孟獲は自身の勢力で蜀軍と戦うことになった。直属の部下である三洞元帥が敗れると、弟・孟優の友人である朶思大王を始め、木鹿大王や烏戈国の王・兀突骨など豪族たちの援軍を得ながら蜀軍と戦い続けた。しかし、孟獲は戦うたびに敗れ、捕虜となっては釈放されるということを繰り返す。そして、7度目に囚われたとき、孟獲は諸葛亮に心服し、2度と反乱を起こさないと誓った。

囚われるたびに釈放されて最後は心服した

英雄トリビア

孟獲との戦いは最初から心服させるのが目的

孟獲は南蛮の人々だけでなく、漢人からも信頼されており、戦いののちは南蛮の統治を任されている。諸葛亮が孟獲と戦ったのは、最初から心服させることが目的だったのだ。

Illustration：中山けーしょー

孟獲を支えた南蛮軍の女傑

祝融（しゅくゆう）

字	ー
生没年	不詳
出身地	不詳

役職: 武官

- 戦闘：★★★★☆
- 知力：★★☆☆☆
- 運：★★★★☆
- 野心：🔥🔥🔥

友好武将：孟獲、孟優
敵対武将：諸葛亮、馬岱

第2章　南蛮　祝融

孟獲の妻。中国神話に登場する火の神・祝融の末裔を称した。気が強い男勝りの性格で、飛刀（投げナイフの一種）の達人。諸葛亮に連敗し、意気消沈する孟獲たちを見かねて参戦。張嶷と馬忠を一騎討ちの末に捕らえる働きを見せた。しかし、のちの戦いで魏延から罵声を浴びて挑発されると、頭に血が上って魏延を追撃。それを待ち構えていた馬岱に捕らえられてしまった。その後、祝融は馬忠や張嶷との人質交換で帰還。夫の孟獲とともに蜀軍と戦い続けたが、孟獲が諸葛亮に心服するとこれに従った。

夫とともに蜀軍と戦った飛刀の達人

英雄トリビア：ねぶたの絵の題材として選ばれている祝融

青森の弘前には「ねぷた祭り」がある。ねぷたとは大きな扇形の灯籠のようなもの。表側の絵には勇壮な武将などが選ばれ、三国志の関羽などと並んで祝融が描かれることも多い。

Illustration: 丞悪朗

木鹿大王
ぼくろくだいおう

怪しげな術を使う八納洞の大王

武官

- 字 ― ―
- 生没年 不詳〜225年
- 出身地 八納洞

戦闘 ★★★★☆
知力 ★☆☆☆☆
運 ●●●●○
野心 🔥🔥☆☆☆

友好武将: 孟獲／祝融
敵対武将: 諸葛亮／関索

第2章 南蛮　木鹿大王

南蛮の地にある八納洞の領主。孟獲の義弟で祝融の弟・帯来洞主の要請を受け、蜀軍に苦戦していた孟獲を助けるため、3万の兵を率いて駆けつけた。白い象にまたがった木鹿大王は、蜀軍の趙雲、魏延と対峙。法術で嵐を呼び、角笛で虎や豹、狼、毒蛇といった猛獣を操る木鹿大王の前に、蜀軍の兵士たちは驚いて総崩れとなって退却した。こうして、一旦は勝利した木鹿大王だったが、次の戦いでは蜀軍が火や煙を吐き出すカラクリ兵器を用意。これに驚いた猛獣たちが混乱し、大王は乱戦のなかで関索に討ち取られた。

猛獣を操り趙雲や魏延ら蜀軍を撃退

英雄トリビア
共通する敵が現れたため私怨を捨てて駆けつける

木鹿大王はそれまで孟獲と敵対する立場だったが、蜀軍という異民族が侵入してきたため、私怨を捨てて加勢したようだ。大王は義に厚い人物だったのだろう。

Illustration: よじろー

孟優（もうゆう）

兄・孟獲を助けて蜀軍と戦う

字 ―
武官　生没年 不詳　出身地 不詳

孟獲の弟。2度にわたって敗北した兄に策略を使うことを進言。投降するふりをして諸葛亮の陣に入り込むが、見破られて失敗した。友人の朶思大王を頼るよう助言するなど、その後も兄を助けつつ蜀軍に抵抗したが、孟獲が心服した際はこれに従った。

- 戦闘
- 知力
- 運
- 野心

Illustration: よじろー

金環三結（きんかんさんけつ）

虎将の一撃で散った第一洞主

字 ―
武官　生没年 不詳～225年　出身地 不詳

孟獲直属の部下。三洞元帥のひとりで、第一洞を治めていた。孟獲の命で、董荼那や阿会喃とともに蜀軍の迎撃に当たった。趙雲と魏延が夜襲を仕掛けてきた際、趙雲との一騎討ちを受けて立つが、わずか槍のひと突きで倒されてしまった。

- 戦闘
- 知力
- 運
- 野心

Illustration: 磯部泰久

第2章　南蛮　孟優／金環三結

董荼那

敵に感じた恩義で身を滅ぼす

- 字 —
- 武官
- 生没年 不詳～225年
- 出身地 不詳

孟獲の直属の部下。第二洞の頭目で三洞元帥のひとり。蜀軍の捕虜となって釈放されるも、再度出陣した際には敵に罵られて撤退。孟獲に百叩きの刑を受け、憤慨して孟獲を捕らえ諸葛亮に引き渡す。だが釈放されて戻ってきた孟獲に殺害された。

- 戦闘 ★★★★☆
- 知力 ★☆☆☆☆
- 運 ★★★★☆
- 野心 ★★☆☆☆

Illustration: 日田慶治

第2章 南蛮

阿会喃

董荼那に同調して孟獲に殺される

- 字 —
- 武官
- 生没年 不詳～225年
- 出身地 不詳

三洞元帥のひとりで第三洞の頭目。蜀軍の捕虜となるが、董荼那とともに釈放されて蜀に恩を感じる。董荼那が撤退して孟獲から処罰されたのち、董荼那による孟獲の捕縛計画に阿会喃も同調した。だが董荼那同様、孟獲に殺害された。

- 戦闘 ★★★☆☆
- 知力 ★★☆☆☆
- 運 ★★☆☆☆
- 野心 ★★☆☆☆

Illustration: かみや

董荼那／阿会喃

三国志コラム ⑧
後漢時代の宗教

この時代に信仰された3つの宗教

儒教が主流も、相次いで宗教が誕生

漢時代でもっとも主流だった宗教は儒教である。孔子の教えに基づいたこの宗教は、朝廷から手厚く保護されたこともあり絶大な指示を受けていた。インドから伝わってきた仏教は、この時代では、まだ新興宗教のひとつ。正史によると陶謙の部下である窄融が仏教寺院を立てて内部に仏像を安置し、人々にお経を読ませたと記されている。さらに後漢時代には太平道、五斗米道といわれる道教も誕生した。

仏教
紀元前5世紀ごろに釈迦によって創唱された教え。明帝の夢で見た人物が釈迦に違いないと言われたことから、ふたりの僧侶を迎えた。

儒教
紀元前に孔子が唱えた思想がもととなっている。前漢時代に武帝が取り入れたことから、以降の中国の中心的な思想となった。

道教
思想だけではなく、土着の信仰や仙人信仰なども含めて儒教とも共存していこうという考え。仏教の影響も受けていたとも言われる。

道教のもとと言われる「仙人信仰」

中国では不老不死や永遠の生命を得ることのできた長生不死の人を「仙人」と呼んで信仰の対象としていた。昔は、特定の修業をすれば仙人になれる、体に羽が生えて自由に飛べる、不老不死の薬があると信じられていたのだ。この話を真に受けたのか、秦の始皇帝が不老不死の薬を熱望したという逸話はあまりにも有名だ。見つけられなかった徐福は日本に逃げたという説も残っている。

第2章 三国志コラム ⑧後漢時代の宗教

張角の手により太平道が勢力を増す

張角は山で仙人と出会い、于吉がかつて朝廷に献上したとされる『太平要術』という書物を手にした。この書物から得た知識で薬を作り、疫病に苦しむ人たちに与えると、非常に効き目がよく、その噂を聞きつけて多くの患者がやってきたという。こうして集まった多くの人たちは張角を敬い、やがて黄巾党となり、反乱を起こすのである。

黄巾党の掲げたスローガン

黄巾党は「蒼天已死、黄天當立、歳在甲子、天下大吉※」というスローガンを掲げていた。蒼天＝漢王朝は死に、黄天＝黄巾党が天下を治める、といった内容だ。

張角

張角は民衆に薬を与えたほか、風雨を巻き起こすなど、人知を超えた術を使って多くの人々を味方に引き入れたとされる。

※そうてんすでにしす、こうてんまさにたつべし、ときはこうしにあり、てんかだいきちならん

第2章 三国志コラム ⑧ 後漢時代の宗教

もうひとつの道教「五斗米道」

五斗米道は、張陵が蜀の山中で修業し、符水などで人々の病などを直したことから広まった道教のひとつだ。漢中で三代にわたって続いたこともあり、大勢力を誇っていた。曹操の漢中平定の際にあっさりと降伏したが、支配下になっても活動が許可された。このため、のちの道教の発展に大きく貢献したと言われている。

曹操

漢中平定の際に五斗米道の討伐を命じたが、本当は馬超や韓遂を一網打尽にするのが目的だった。

馬超

曹操との戦いに敗れると、五斗米道の三代目教祖である張魯の元に逃げ込んだ。

韓遂

曹操が五斗米道討伐に動いた際、その道中に構える自分が危ないと感じて兵をあげた。

晋【しん】

司馬昭によって建国されるも数年で乱世に

魏の名将・司馬懿は曹操、曹丕、曹叡と三代に仕えた。しかし、曹叡が幼い曹芳を残して没すると、その10年後にクーデターを起こしてライバルの曹爽一派を排除。朝廷内で権力を握った。その後、長男・司馬師、次男・司馬昭と権力が継承され、司馬昭のときには蜀を攻略。司馬昭の子・司馬炎が曹奐から帝位を譲られて晋王朝を開くと、呉を降して中国を統一した。ところが、司馬炎の子が暗愚だったことから、司馬炎の没後に早くも国内が混乱。ついには八王の乱が起こるにいたり、中国はわずか数十年で乱世となった。

晋の勢力図

興亡のキーとなった3つの事件

魏が滅亡し晋が建国される

265年、司馬昭の跡を継いだ司馬炎は、賈充ら家臣の賛同を得て皇帝・曹奐に帝位を譲るよう迫った。すでに傀儡だった曹奐は逆らえず、魏は滅亡し晋が建国された。

関連する人物
司馬炎（P.188）
賈充（P.187）

呉を滅ぼして中国を統一

晋の初代皇帝となった司馬炎は、279年に呉への侵攻を開始。280年3月、軍勢が建業へと到達して呉が降伏し、晋によって中国全土が統一された。

関連する人物
孫皓（P.111）
杜預（P.190）

八王の乱で晋が衰退

司馬炎が没したのち、賈后は専横を振るった皇太后の一族を粛清した。しかし、今度は賈一族も粛清され、八王の乱が発生。国内が混乱し、異民族が台頭することに。

関連する人物
司馬炎（P.188）

専横を極めた司馬懿の後継者

司馬師（しばし）

| 君主 | 軍師 | **武官** | 文官 |

字　子元
生没年　208〜255年
出身地　河内郡温県

戦闘 ★★★★★
知力 ★★★★
運　☯☯☯☯
野心 🔥🔥🔥🔥🔥

友好武将 / 敵対武将

司馬懿　司馬昭　諸葛恪　毌丘倹

第２章　晋　司馬師

敵を排除して魏を掌握するも病には勝てず

魏の名将・司馬懿の長男。第二皇帝・曹叡が没した10年後、司馬師は父とともにクーデターを起こして政敵の曹爽一派を排除。父が没すると大将軍となって軍権を握った。翌年の呉への遠征は失敗したが、その後に攻め寄せた呉の諸葛恪、続いて蜀の姜維を撃退。司馬師を除こうとした第三皇帝・曹芳を逆に廃位し、新たに曹髦を即位させた。その後、司馬師は反乱を起こした毌丘倹を自ら出陣して討ち破るが、この戦いで左目の下の腫瘍が悪化。弟・司馬昭に事後を託し、毌丘倹を倒したわずか数日後に亡くなった。

英雄トリビア
才能の片鱗を見せつけたクーデターの際の軍事行動

正史によると、司馬師はクーデターの当日、父と手分けして兵を動かしていた。かねてから用意していた私兵を使って要衝を素早く制圧。父に劣らぬ才能の片鱗を見せている。

Illustration: 藤川純一

魏を手中に収めた晋王

司馬昭

- 君主
- 字：子上
- 生没年：211年〜265年
- 出身地：河内郡温県

戦闘 ★★★★☆
知力 ★★★★☆
運 ☯☯☯☯☯
野心 🔥🔥🔥🔥🔥

友好武将：賈充、鍾会
敵対武将：諸葛誕、毌丘倹

第2章 晋 司馬昭

司馬懿の次男で司馬師の弟。父に次いで兄も没すると、司馬昭は兄の跡を継いで大将軍に就任。のちに大都督となって全軍の指揮権を握った。その後、司馬昭は腹心・賈充の進言に従い、皇帝に忠誠を誓う諸葛誕が反乱を起こすよう仕向けて討伐。さらに腹心の賈充と謀り、自分に逆らう様子を見せた皇帝・曹髦を亡き者とした。新たに曹奐を即位させた司馬昭は、晋公・丞相となって国内を完全に掌握。鄧艾や鍾会らを派遣して内部腐敗で乱れた蜀の討伐を本格的に開始し、ついに蜀を滅ぼすことに成功した。

好機を逃さず腐敗に満ちた蜀漢を滅ぼす

英雄トリビア
国をほぼ手中にしながらも自ら帝位には就かず

司馬昭は皇帝・曹髦を葬ったことで、実質的には魏を手中に収めていた。しかし、司馬昭は曹操の例にならい、息子・司馬炎を即位させようと考えており、帝位は奪わなかった。

Illustration：磯部泰久

晋王朝建国の立役者

賈充 (かじゅう)

軍師

字	公閭
生没年	217年〜282年
出身地	河東郡襄陵県

- 戦闘
- 知力
- 運
- 野心

友好武将: 司馬昭、司馬炎
敵対武将: 孫晧、田丘俊

第2章 晋 賈充

司馬氏に仕え晋朝の成立に貢献した謀臣

魏の曹操や曹丕に仕えて活躍した賈逵の子。司馬昭、司馬炎の腹心として仕えた。司馬昭が兄の跡を継いだ際、賈充は諸葛誕の様子を探り、皇帝への忠誠が厚い諸葛誕に早めに対処するよう進言。また、のちには皇帝・曹髦の詩から曹髦が司馬昭を討つつもりであると見抜き、蜀の攻略を考えていた司馬昭に知らせて先手を打たせ、司馬昭の権力掌握に大きく貢献した。司馬昭が没したのちは司馬炎に仕え、司馬炎の皇帝即位を実現。晋朝が成立すると功臣の筆頭とされ、その後も晋の重鎮としてあり続けた。

英雄トリビア

晋朝成立の功臣となるも一族が晋衰亡の引き金に

暗愚な太子(恵帝)に嫁いだ賈充の娘(賈后)は、司馬昭の没後、恵帝の地位を安定させようとライバルを次々と粛清。この混乱が乱を呼び、晋衰亡の始まりとなってしまった。

Illustration: 中山けーしょー

呉を滅ぼし中国全土を統一

司馬炎

| 君主 | 軍師 | 武官 | 文官 |

字：安世
生没年：236年〜290年
出身地：河内郡温県

- 戦闘
- 知力
- 運
- 野心

友好武将：司馬昭、賈充
敵対武将：孫皓、陸抗

祖父からの事業を完成し晋の初代皇帝に

265年に司馬昭が没すると、司馬炎は跡を継いで晋王となった。直後、司馬炎は家臣たちの賛同を得て皇帝・曹奐に禅譲を迫り、12月に晋を建国。即位して初代皇帝となった。その後、呉の陸抗が攻め寄せると、司馬炎は羊祜を派遣してこれを防がせた。279年、司馬炎は大動員をかけて軍勢を招集すると、杜預を大都督として呉の征伐を開始。翌年、呉が降伏して中国全土が統一された。しかし、呉を滅ぼしたことで気が抜けたのか、司馬炎は政治への関心を喪失。晋は、早くも徐々に傾いていくことになる。

英雄トリビア：1万人の女性を集め毎日遊びにふける

呉を倒したのち、司馬炎は詔勅を発して女子の結婚を禁じ、5000人の女子を後宮にいれた。さらに、呉の孫皓の後宮にいた5000人も加え、毎日遊びほうけていた。

Illustration：日田慶治

人々に慕われた清廉潔白な仁者

羊祜（ようこ）

| 君主 | 軍師 | **武官** | 文官 |

字：叔子
生没年：221年〜278年
出身地：泰山郡

- 戦闘：★★★★☆
- 知力：★★★☆☆
- 運：★★★★☆
- 野心：★★☆☆☆

友好武将：司馬炎／杜預
敵対武将：陸抗／孫皓

第2章 晋 羊祜

泰山郡の名家の一族。文武に優れ、清廉潔白なうえ情にも厚い人物だった。呉の陸抗が攻めてきた際は襄陽に駐屯し、防衛しつつ内政に励み、兵士や民衆から慕われた。この様子を見た陸抗は、手を出さず江口に駐屯するが、呉主・孫皓によって解任された。羊祜は好機到来を司馬炎に知らせるが、司馬炎は賈充らの反対で出兵していない。その後、羊祜は病気がちになり、司馬炎に孫皓の暴虐ぶりを告げて機を逃さぬよう進言し故郷へ帰った。この年、羊祜は危篤となり、面会に来た司馬炎に杜預を推薦して没した。

能力はもちろん人柄にも優れ主君に重用される

英雄トリビア
誠実な対応から始まった呉将・陸抗との交流

襄陽にいたころ、羊祜と陸抗は狩猟が重なったことがあった。羊祜が得た獲物のうち呉兵が先に射たものを陸抗に送ると、陸抗も酒を贈って返礼し交流が始まったという。

Illustration: かみや

杜預

羊祜の意思を継いだ将軍

字 元凱
武官
生没年 222年〜284年
出身地 京兆郡杜陵県

　羊祜が亡くなる際、司馬炎に推薦した武将。鎮南大都督となった杜預は、呉を討つ機会を逃さぬようにと上表文を送り、司馬炎が呉の討伐を決断するきっかけを作った。呉の討伐では王濬とともに兵を率いて要衝を攻略している。

Illustration: 菊地鹿人

王濬

呉を降伏させた晋軍の両輪

字 士治
武官
生没年 206年〜285年
出身地 弘農郡湖県

　益州の長官。呉の丁奉と陸抗が没したと知り、孫晧が暴虐なこと、軍船が痛み始めたこと、自身の寿命が長くないことなどの条件をあげ、すぐに呉を討伐するよう上奏。司馬炎が決断すると長江に沿って攻め下り、孫晧を降伏させた。

Illustration: 佐藤仁彦

第 3 章

その他の人物

名だたる英雄たちを支え、『三国志』の物語のなかで活躍した仙人や女性など、記憶に残る重要な人物たちをここで紹介していこう。

第3章 後漢の人々
丁原／公孫瓚／公孫越／劉虞

丁原（ていげん）〔君主〕
暴君と戦い天子に命を捧げた義士

字 建陽　生没年 不詳～189年　出身地 不詳

荊州の刺史をしていた人物で、天下の猛将・呂布の義父でもある。「黄巾の乱」ののち、董卓が都で悪政を敷くと、丁原はそれに反発し戦った。しかし養子の呂布に裏切られ、殺されてしまう。

公孫瓚（こうそんさん）〔君主〕
異民族から恐れられた北方の勇将

字 伯珪　生没年 不詳～199年　出身地 遼西郡令支県

白馬を駆って異民族討伐で名をあげた武将で、「白馬長子」と呼ばれていた。かつては盧植のもとで学び、劉備の兄弟子にあたる。河北の支配を巡って袁紹と争うが敗北。自ら命を絶った。

公孫越（こうそんえつ）〔武官〕
騙し討ちにあい非業の死を遂げた武将

字 不詳　生没年 不詳～192年　出身地 遼西郡令支県

公孫瓚の弟。「黄巾の乱」ののち、袁紹は冀州の分割統治を公孫瓚に提案するが冀州を独占。公孫越は袁紹への使者となるものの、帰りに袁紹の兵により暗殺されてしまう。

劉虞（りゅうぐ）〔君主〕
異民族からも慕われた北の名君主

字 伯安　生没年 不詳～193年　出身地 東海郡郯県

後漢王朝の皇族であり、異民族をその人徳で従わせた人物。正史では異民族への対処の違いから、公孫瓚と対立。10万の大軍で公孫瓚を攻めるが逆襲されて敗北し、処刑されてしまった。

陶謙（とうけん）

領地の未来を劉備に託した統治者

君主

字 恭祖　生没年 132年～194年　出身地 丹陽郡丹陽県

徐州の州牧で温厚篤実な統治者。曹操の父・曹嵩が徐州内で襲われて死亡したため、曹操に攻められた。そのとき援軍に来た劉備を気に入り、州牧の地位を譲ろうとして病死した。

- 戦闘 ★★☆☆☆
- 知力 ★★☆☆☆
- 運 ●●●●●
- 野心 🔥🔥🔥☆☆

劉岱（りゅうたい）

劉備に敗れ、曹操にすべてを奪われた

文官

字 公山　生没年 不詳　出身地 東萊郡牟平県

もとは兗州の刺史だったが、曹操に攻められて降伏。以降、曹操に仕えた。のちに曹操の命令で劉備を攻めるも敗北してしまい、それに激怒した曹操に官位を剥奪される。

- 戦闘 ★★☆☆☆
- 知力 ★★☆☆☆
- 運 ●●●●●
- 野心 🔥🔥☆☆☆

孔融（こうゆう）

信念に従う剛直な太守

君主

字 文挙　生没年 153年～208年　出身地 魯国曲阜県

有名な孔子の子孫であり、北海郡の太守。曹操の勢力が大きくなると、降伏して曹操に仕えた。しかし剛直な性格で、曹操の方針に何度も反対したため、怒りを買って処刑されてしまった。

- 戦闘 ★★☆☆☆
- 知力 ★★★☆☆
- 運 ●●●●●
- 野心 🔥🔥🔥☆☆

張繡（ちょうしゅう）

覇王の暗殺を成功させかけた男

武官

字 不詳　生没年 不詳～207年　出身地 武威郡祖厲県

董卓の配下だった張済の甥。曹操と戦い降伏するが、曹操の暗殺を実行。曹操の息子と甥を討ち取るも曹操を取り逃がす。その後、曹操に許されて「官渡の戦い」に参加するが、消息不明となる。

- 戦闘 ★★★☆☆
- 知力 ★★☆☆☆
- 運 ●●●●●
- 野心 🔥🔥🔥🔥☆

第3章　後漢の人々

陶謙／劉岱／孔融／張繡

第3章　後漢の人々

王朗／厳白虎／許貢／張魯

王朗（おうろう）　君主
諸葛亮に口で挑み完膚なきまでに敗北

字　景興　　生没年　不詳〜228年　　出身地　東海郡郯県

名士として評判の高い文人で、徐州の陶謙に招かれて会稽の太守となる。のちに曹操のもとで文官として仕えるが、蜀の北伐で諸葛亮に舌戦を挑んで敗北。その際に落馬して死亡してしまう。

- 戦闘：★★★☆☆
- 知力：★★★★☆
- 運：陰陽陰陽陰
- 野心：🔥🔥🔥🔥🔥

厳白虎（げんはくこ）　君主
呉に一大勢力を築き孫呉と戦った勇将

字　不詳　　生没年　不詳〜196年　　出身地　呉郡烏程県

厳白虎は呉を拠点に、「東呉の徳王」を名乗り、1万の軍勢を率いていた。孫策に攻められて逃げ出したが、王朗の協力を得て再び孫策と対決。しかし敗北して、またも逃亡するが斬られてしまう。

- 戦闘：★★★★☆
- 知力：★★☆☆☆
- 運：陰陽陰陽陰
- 野心：🔥🔥🔥🔥🔥

許貢（きょこう）　文官
孫策の危険性を見抜くも逆に斬られてしまう

字　不詳　　生没年　不詳〜200年　　出身地　不詳

揚州呉郡の太守を務めた官僚。呉で勢力を伸ばす孫策を見て、許貢は曹操に警戒を促す手紙を出す。しかしその手紙を孫策に奪われてしまい、激怒した孫策に呼びだされ、殺されてしまった。

- 戦闘：★★★☆☆
- 知力：★★★☆☆
- 運：陰陽陰陽陰
- 野心：🔥🔥🔥🔥🔥

張魯（ちょうろ）　君主
「五斗米道」を背景に、漢中で独立勢力を築く

字　公祺　　生没年　不詳　　出身地　沛国豊県

張魯は祖父の作りだした「五斗米道」という宗教を受け継ぎ、教祖となった。宗教を背景に独立勢力となり、漢中を手中に治める。その後、曹操に攻められるが、降伏して配下となった。

- 戦闘：★★★☆☆
- 知力：★★★☆☆
- 運：陰陽陰陽陰
- 野心：🔥🔥🔥🔥🔥

劉度 りゅうど 〔君主〕

降伏により、太守の地位を守る

字 不詳　生没年 不詳　出身地 不詳

　零陵郡の太守。「赤壁の戦い」ののち、劉備が攻めてきたのを息子の劉賢と迎え撃つ。しかし計略により劉賢が捕虜になり劉度も降伏。劉備に許され、そのまま太守を務めた。

趙範 ちょうはん 〔君主〕

趙雲と意気投合しその地位を守った

字 不詳　生没年 不詳　出身地 不詳

　桂陽の太守。劉備は趙雲を派遣して桂陽を攻撃。趙範は降伏するが、同姓の趙雲と意気投合して義兄弟となる。その後、趙雲と対立するが、劉備に許されて太守の任を続けた。

金旋 きんせん 〔君主〕

時勢を読めず部下に裏切られた太守

字 元機　生没年 不詳　出身地 京兆郡

　荊州南部の武陵の太守。「赤壁の戦い」ののち、劉備に攻め込まれた金旋は、部下の鞏志からの助言を退けて出陣。だが張飛に威圧されて撤退したところを、裏切った鞏志に殺されてしまう。

韓玄 かんげん 〔君主〕

暴虐により人心を失いその寿命を縮めた

字 不詳　生没年 不詳　出身地 不詳

　短気ですぐ人を殺すと、周囲から憎まれていた長沙の太守。関羽が長沙に攻めてくると、部下の黄忠に迎え撃たせた。しかし黄忠が命令に従わず、さらに客将の魏延に裏切られ、殺されてしまう。

第3章　後漢の人々
劉度／趙範／金旋／韓玄

第3章 後漢の人々

何進／何夫人／王美人／曹夫人

何進 かしん
宦官の排除を狙うが逆に殺された皇后の兄　武官

字 遂高　生没年 不詳〜189年　出身地 南陽郡宛県

洛陽の肉屋だったが、妹が霊帝の側室となったため何進も取り立てられ、やがて大将軍となる。何進は宦官の粛清を狙うも、逆に宮中におびき出されて、宦官の張譲らに暗殺されてしまう。

戦闘・知力・運・野心

何夫人 かふじん
宮中で権力を握るも宦官とともに破滅　夫人

字 ―　生没年 不詳〜190年　出身地 南陽郡宛県

霊帝の側室で何進の妹。皇子・劉弁を産み、皇后となった。宮中では嫉妬から王美人を毒殺し、政敵だった董夫人を排除した。だが董卓が権力を握ると、幽閉され殺されてしまった。

戦闘・知力・運・野心

王美人 おうびじん
皇帝に愛されたがゆえに悲惨な最期を迎える　夫人

字 ―　生没年 不詳〜181年　出身地 不詳

後宮の宮女だったが、霊帝に気に入られて側室となる。皇子・劉協を産むが、嫉妬した何夫人に毒殺されてしまう。なお息子の劉協は霊帝の母親である董太后のもとで育てられた。

戦闘・知力・運・野心

曹夫人 そうふじん
献帝に忠実に仕えた覇王の娘　夫人

字 不詳　生没年 不詳〜260年　出身地 沛国譙県

曹操の娘で名を曹節という。姉や妹とともに献帝に嫁ぎ、伏皇后が処刑されたのち皇后となる。曹操の死後、献帝が曹丕に禅譲すると、彼に付き従って宮中から離れた。

戦闘・知力・運・野心

糜夫人

自分の命を捨てて息子と蜀の未来を守った

びふじん / 夫人

字 — 　生没年 不詳〜208年　出身地 東海郡朐県

糜竺の妹で劉備の第一夫人。「長阪の戦い」で、劉備の息子・阿斗を抱いて逃げるが重症を負う。趙雲と合流したのち、自分がいると足手まといになると、空井戸に身を投げた。

甘夫人

劉備と苦労を分かちあった良妻

かんふじん / 夫人

字 — 　生没年 不詳　出身地 不詳

劉備が小沛にいたころに側室になった女性。のちに正室となり、劉備の跡継ぎである劉禅を出産したが、その出自や経歴は不明である。劉備の長い苦難の時代をよく支えた女性だという。

孫夫人

暗殺の準備が一転　劉備との結婚に

そんふじん / 夫人

字 — 　生没年 不詳　出身地 呉郡富春県

呉の孫権の妹で、劉備の妻。孫尚香とも。呉の周瑜は孫夫人を嫁がせるという名目で劉備を呼び出し、殺害を試みる。しかし劉備と孫夫人が互いを気にいり、実際に結婚することになった。

黄夫人

諸葛亮に見合う才覚の持ち主

こうふじん / 夫人

字 — 　生没年 不詳　出身地 河南郡

諸葛亮が南陽にいたころに娶った女性。不器量ではあったが、頭脳は人並み外れたものがあった。天文や地理に精通し、多くの書物にも通じていた才女で、諸葛亮にぴったりの女性だったといえる。

第3章　後漢の人々

糜夫人／甘夫人／孫夫人／黄夫人

第3章 後漢の人々

卞夫人／丁夫人／鄒氏／甄夫人

曹家を影から支えた覇王の良妻　卞夫人　べんふじん

字 ―　生没年 160年〜230年　出身地 琅邪郡開陽県

もとは歌い手だったが、20歳のときに曹操の側室となった。曹操が魏王になった際に正室となり、皇后となる。正史では、贅沢を嫌う倹約家で、夫の留守のあいだも家をよく支えたという。

先妻の遺児を立派に育てあげた　丁夫人　ていふじん

字 ―　生没年 不詳　出身地 不詳

曹操の正室。曹操が魏王になるまで正室の座にあったが、子ができなかったため離縁された。また、正史では先妻の劉夫人が遺した子、曹昂を可愛がり、立派に育てたとされている。

その美貌が曹操最大の危機に　鄒氏　すうし

字 ―　生没年 不詳　出身地 不詳

董卓に仕えた張済の妻。張済の死後、張済の甥・張繡のもとに身を寄せていたが、曹操に見初められ妾になる。だが、これが張繡を激怒させ、典韋や曹昂を失う曹操暗殺計画に繋がった。

袁氏の女性がやがて魏の皇后に　甄夫人　しんふじん

字 ―　生没年 182年〜221年　出身地 中山郡無極県

のちの文帝である曹丕の妻。もとは袁紹の子・袁熙の妻だった。冀州の鄴城を曹操が攻撃した際に、曹丕に見初められる。のちに曹操の許可が出て曹丕の妻となり、やがて皇后になった。

張夫人 ちょうふじん

機転で夫の命を救った知性溢れる女性

夫人

字 ―　　生没年 189年～247年　　出身地 河内郡平皋県

魏の武将・司馬懿の正室で、本名は張春華。稀代の軍師である司馬懿の妻らしく、機転のきく女性であったという。司馬懿が若いころには、彼女の機転で命を救われたという記録が残っている。

戦闘
知力
運
野心

蔡夫人 さいふじん

後継者争いを自ら起こし国に混乱をもたらした

夫人

字 ―　　生没年 不詳　　出身地 襄陽郡

劉表配下の蔡瑁の姉で、劉表の後妻。長子の劉琦を排斥し、実子の劉琮を劉表の後継者にしようと画策した。しかし南下した曹操に劉琮が降伏した際に、曹操の命令で親子ともに殺される。

戦闘
知力
運
野心

大喬・小喬 だいきょう・しょうきょう

蜀と呉の同盟を結ぶきっかけとなった姉妹

夫人

字 ―　　生没年 不詳　　出身地 廬江郡皖県

美人姉妹として有名で、姉の大喬が孫策、妹の小喬が周瑜に嫁いだ。諸葛亮は、曹操が姉妹を欲しがっていると周瑜に伝え、そのことなどがきっかけとなり、魏に対抗する同盟が成立した。

戦闘
知力
運
野心

呉国太 ごこくたい

呉の皇帝を育てあげた女性

夫人

字 ―　　生没年 不詳　　出身地 不詳

孫堅の第二夫人で、正室だった呉夫人の妹。また劉備の妻の孫夫人の母親でもある。姉である呉夫人が若くして亡くなったため、彼女の実子である孫権の母親代わりとなって育てあげた。

戦闘
知力
運
野心

第3章 後漢の人々

張夫人／蔡夫人／大喬・小喬／呉国太

第3章 後漢の人々

夏侯氏／鮑三娘／樊氏／卑弥呼

夏侯氏 (かこうし) 夫人
奇妙な縁にて張飛と結ばれる

字 — ／生没年 不詳／出身地 不詳

夏侯淵の姪で、張飛の妻。劉備が袁紹のもとに身を寄せていたころ、張飛ははぐれて山賊をしていた。そのときに捕らえたのが夏侯氏で、のちに身元を知った張飛は、彼女を正式に妻とした。

鮑三娘 (ほうさんじょう) 夫人
並み居る求婚者を退け関索を選んだ娘

字 — ／生没年 不詳／出身地 不詳

三国志をもとにした説話『花関索伝』に登場する女性で、架空の人物。武芸に秀でた娘で、自分より弱い男とは結婚しないと豪語していたが、関羽の息子の関索に敗れ、結婚した。

樊氏 (はんし) 夫人
絶世の美女ながら趙雲に拒絶された女性

字 — ／生没年 不詳／出身地 不詳

桂陽郡の太守である趙範の兄嫁で未亡人。劉備との戦いに破れて降伏した趙範は、同姓の趙雲に樊氏を娶らせようとした。しかし趙雲は、趙範を信用できないと拒絶したという。

卑弥呼 (ひみこ) 君主
魏志倭人伝に名を残す優れた女王

字 — ／生没年 不詳／出身地 邪馬台国

古代日本の邪馬台国を治めていたとされる女王。正史の東夷伝に、卑弥呼や邪馬台国の記述がある。それによると、鬼神崇拝により民心を掴み、戦乱の続く国内をまとめあげたとされる。

並ぶ者のない伝説の名医

華佗 かだ

医者

字 元化　生没年 不詳　出身地 沛国譙県

　三国志随一の名医。薬学や鍼、灸だけではなく、外科手術までこなしたという。だが曹操の頭痛の治療のため外科手術を提案すると、危険視されて投獄。そのまま死亡してしまった。

- 戦闘 ★★☆☆☆
- 知力 ★★★★☆
- 運 ☆☆☆☆☆
- 野心 🔥🔥☆☆☆

小覇王・孫策を追い詰めた道士

于吉 うきつ

道士

字 不詳　生没年 不詳～200年　出身地 琅邪郡

　『道教経典』を読み、祈祷で雨乞いをしたり、符や神聖な水で治療を行っていた道士。民衆に数多くの信者を獲得したが、それを危険視した孫策に捕らわれて、処刑されてしまう。

- 戦闘 ★☆☆☆☆
- 知力 ★★★☆☆
- 運 ☆☆☆☆☆
- 野心 🔥🔥🔥☆☆

相手が誰でも傲慢な態度を変えない男

禰衡 でいこう

名士

字 正平　生没年 173年～199年　出身地 平原郡般県

　非常に才能はあるが、傲慢で人からは嫌われていた男。相手が曹操であっても正面から批判・罵倒した。厄介払いで劉表のもとに送られた禰衡は、そこでも黄祖を怒らせ、処刑されてしまう。

- 戦闘 ★★☆☆☆
- 知力 ★★★★☆
- 運 ★☆☆☆☆
- 野心 🔥🔥🔥☆☆

妖術を使い曹操を翻弄

左慈 さじ

方士

字 元放　生没年 不詳　出身地 廬江郡

　仙人を目指す「神仙術」を極めた方士。無限に飲食を続けたり、首を刎ねても死なないなど、さまざまな術を見せつけ、曹操を翻弄した。正史では、曹操が許都に招き召し抱えたという。

- 戦闘 ★☆☆☆☆
- 知力 ★★★★★
- 運 ☆☆☆☆☆
- 野心 🔥🔥🔥🔥☆

第3章　後漢の人々

華佗／于吉／禰衡／左慈

第3章 後漢の人々

許劭／橋玄／司馬徽／管輅

許劭

人物批評で一世を風靡 きょしょう 名士

字 子将　生没年 150～195年　出身地 汝南郡平興県

当時流行していた人物批評の大家。若いころの曹操に批評を頼まれたとき、「治世の能臣、乱世の奸雄」と答えたところ、曹操が大変喜んだという。蜀で司徒になった許靖の従兄弟にあたる。

戦闘 ★★★☆☆
知力 ★★★★☆
運 ☯☯☯
野心 🔥🔥🔥

橋玄

人物批評の達人で三公まで登った名臣 きょうげん 文官

字 公祖　生没年 109年～183年　出身地 梁国睢陽県

後漢末期の王朝に仕えた人物。相手の地位にかかわらず厳正に法を適用することで知られ、その姿勢は高く評価された。のちに三公を歴任するほど昇進したが、余計な蓄財は一切行わなかったという。

戦闘 ★★☆☆☆
知力 ★★★★☆
運 ☯☯☯☯
野心 🔥🔥

司馬徽

劉備に軍師を説きその後の転機を作る しばき 名士

字 徳操　生没年 不詳　出身地 頴川郡

荊州に住む賢人の一人。演義では、蔡瑁に追われて放浪中の劉備に対して「臥龍、鳳雛のいずれを得るべし」と進めた。のちに臥龍とは諸葛亮、鳳雛とは龐統のことだと判明する。

戦闘 ★★★☆☆
知力 ★★★★★
運 ☯☯
野心 🔥🔥🔥

管輅

自らの寿命も予言した三国志最高の占い師 かんろ 名士

字 公明　生没年 不詳　出身地 平原郡

人の運命や寿命を言い当てたという占い師。曹操に招聘された際に劉備の漢中侵攻を予測し、夏侯淵の戦死を暗示した。その力に驚いた曹操は大使の職を用意したが管輅は断ったという。

戦闘 ★★☆☆☆
知力 ★★★★★
運 ☯☯☯
野心 🔥🔥🔥

第3章 後漢の人々

南華老仙（なんかろうせん）／仙人

張角に書物を授け術を修得させた謎の人物

字 不詳　生没年 不詳　出身地 不詳

演義にのみ登場する人物で、張角に『太平要術』を渡したとされている。道教の始祖のひとりといわれる荘子が「南華真人」と言われたことから、荘子が仙人になった姿とも言われている。

- 戦闘 ★★★★★
- 知力 ★★★★★
- 運 ★★★★★
- 野心 ★

十常侍（じゅうじょうじ）／文官

漢王朝の腐敗を招いた集団

字 不詳　生没年 不詳　出身地 不詳

皇帝から大切にされ、権力を持った宦官の集団。演義では張譲、趙忠、封諝、段珪、曹節、侯覧、蹇碩、程曠、夏惲、郭勝の10名を十常侍としている。何進を謀殺するが袁紹に滅ぼされた。

- 戦闘 ★
- 知力 ★★★
- 運 ★★★
- 野心 ★★★

献帝（けんてい）／皇帝

後漢王朝の最後の皇帝となった人物

字 不詳　生没年 180年～234年　出身地 洛陽県

霊帝の子で、本名は劉協という。霊帝の死後は兄が即位したが、董卓に擁立されて皇帝になった。董卓の死後、曹操のすすめで許都へ遷都。曹丕の代になると禅譲を迫られ220年に退位した。

- 戦闘 ★
- 知力 ★★
- 運 ★★
- 野心 ★

霊帝（れいてい）／皇帝

漢王朝の寿命を縮めるきっかけを作った皇帝

字 不詳　生没年 156年～189年　出身地 洛陽県

後漢王朝の第十二代皇帝で本名は劉宏という。霊帝の治世で宦官が強い権力を持つようになり、国境付近では異民族の信仰が活発化。国内では黄巾の乱が発生。漢王朝の権威は失墜してしまった。

- 戦闘 ★★
- 知力 ★★
- 運 ★★★
- 野心 ★★★

三国志コラム⑨

三国志の美女

英雄を虜にした美女たち

歴史の陰には美女の姿があった！

三国志の中心は数々の英雄たちだが、その陰で多くの美女が歴史に大きく関わっていたことはあまり触れられていない。歴史を動かした戦いの裏側にあった出来事、英雄たちを支えた美女たちの素顔、女性を巡るエピソードなど、ここでは美女たちにまつわる話を紹介していく。

中国四大美女のひとり

董卓の暴政に終止符を打つ立役者となった貂蝉。歌妓（現在のダンサーに近い）として王允のもとに仕え、なかば娘のように可愛がられていた。実父のように慕う王允のために、董卓と呂布を切り離す「連環の計」の要となったが、じつは手術で顔を作り替えたという説も。また、呂布の死後は、曹操軍にいたときの関羽に殺された、関羽に「連環の計」を賞賛されるが自害したなど、こちらもいくつかの説がある。いずれにせよ、正史には登場しない女性だ。

なお、貂蝉以外の中国四代美女は、春秋時代の西施、漢の王昭君、唐の楊貴妃。貂蝉は架空の存在であるため、その代わりに秦の虞美人が入ることもある。

貂蝉

貂蝉
董卓と呂布を手玉にとった貂蝉。しかし、演義以外の物語でもその後の登場が少なく謎めいている。

第3章 三国志コラム ⑨ 三国志の美女

曹操の正室 卞夫人

曹操が最も愛したといわれる卞夫人。あるとき曹操が戦利品から耳飾りを選ばせたとき、卞夫人はあまり豪華すぎないものを選んだ。不思議がった曹操から理由を問われると「高いものを選べば欲深い、低いものでは倹約を装っていると言われます」と答えたという。

天才諸葛亮を陰で支えた 黄夫人

諸葛亮の妻となった黄夫人。一説には赤毛で肌が黒く、不美人であったとい言われているが、最近では美人説もあるという、少し謎めいた存在だ。黄夫人は非常に頭がよい女性だったらしく、諸葛亮が戦いに投入した木牛や流馬は、黄夫人が発明を手助けしたともいわれている。

孫権の妹で劉備の妻 孫夫人

孫権の妹で、同盟のために劉備と結婚した孫夫人。男勝りで武芸を好んだとも言われている。あるとき、同盟の意味がなくなったことで息子の劉禅とともに呉に帰ることにした孫夫人。これを察知した諸葛亮が長江を封鎖すると、劉禅を置いて、ひとりだけ帰ったという。

江東の美人姉妹　大喬・小喬

江東の美人姉妹として知られている大橋・小橋姉妹。大橋は孫策、小橋は周瑜の妻となっており、「月も光を消してしまい、花も恥らってしまう」と言われたほど、絶世の美女であったとされている。このふたりに関するもっとも有名なエピソードといえば、「赤壁の戦い」で諸葛亮が呉を説得したもの。諸葛亮は周瑜に対して「曹操が姉妹を奪おうとしている」とほのめかした。実際に曹操は姉妹を自身の手元におきたいと望んでいたため、周瑜もこれを信じて憤慨したという。これだけが理由ではないものの、周瑜が赤壁の戦いを決意するきっかけのひとつになったのだろう。

さくいん（50音順）

あ

- 阿会喃 … 181
- 伊籍 … 45
- 于吉 … 201
- 于禁 … 61
- 袁熙 … 149
- 袁術 … 153
- 袁紹 … 137
- 袁尚 … 146
- 王濬 … 190
- 王双 … 83
- 王美人 … 196
- 王累 … 168
- 王朗 … 194

か

- 蒯越 … 160
- 賈逵 … 84
- 華歆 … 84
- 賈詡 … 67
- 郭嘉 … 65
- 郭汜 … 126
- 郝昭 … 78
- 楽進 … 62
- 郭図 … 144
- 郭淮 … 81
- 夏侯淵 … 53
- 夏侯氏 … 200
- 夏侯惇 … 52
- 夏侯覇 … 82
- 賈充 … 187
- 何進 … 196
- 華佗 … 201
- 何夫人 … 196
- 華雄 … 124
- 関羽 … 14
- 毋丘倹 … 85
- 韓玄 … 195
- 関興 … 41
- 関索 … 47
- 韓遂 … 172
- 闞沢 … 110
- 韓当 … 97
- 甘寧 … 99
- 甘夫人 … 197
- 関平 … 23
- 簡雍 … 28
- 顔良 … 138
- 管輅 … 202
- 魏延 … 21
- 麹義 … 141
- 牛金 … 83
- 牛輔 … 127
- 姜維 … 22
- 橋玄 … 202
- 許貢 … 194
- 許劭 … 202
- 許褚 … 56
- 許攸 … 145
- 麹英 … 154
- 金環三結 … 180
- 金旋 … 195
- 厳顔 … 27
- 献帝 … 203
- 厳白虎 … 194
- 黄蓋 … 98
- 高順 … 133
- 黄祖 … 158
- 公孫越 … 192
- 公孫瓚 … 192
- 黄忠 … 20
- 高沛 … 169
- 黄夫人 … 197
- 孔融 … 193
- 高覧 … 148
- 呉国太 … 199
- 呉蘭 … 37

さ

- 蔡夫人 … 199
- 蔡瑁 … 159
- 左慈 … 201
- 司馬懿 … 68
- 司馬炎 … 188
- 司馬徽 … 202
- 司馬師 … 185
- 司馬昭 … 186
- 十常侍 … 203
- 周倉 … 24
- 周泰 … 101
- 周瑜 … 92
- 祝融 … 178
- 朱然 … 103
- 荀彧 … 64
- 淳于瓊 … 140
- 荀諶 … 149
- 荀攸 … 79
- 蔣琬 … 32
- 鍾会 … 71
- 蔣欽 … 105
- 徐栄 … 127
- 諸葛恪 … 110
- 諸葛瑾 … 102
- 諸葛瞻 … 47
- 諸葛誕 … 85
- 諸葛亮 … 17
- 徐晃 … 59
- 徐庶 … 25
- 徐盛 … 109
- 審配 … 147
- 甄夫人 … 198
- 鄒氏 … 198
- 曹叡 … 74
- 曹洪 … 55
- 曹昂 … 76

曹植 そうしょく	75	
曹真 そうしん	77	
曹仁 そうじん	54	
曹性 そうせい	134	
曹操 そうそう	51	
臧覇 そうは	134	
曹丕 そうひ	73	
曹夫人 そうふじん	196	
沮授 そじゅ	143	
孫乾 そんけん	43	
孫権 そんけん	89	
孫堅 そんけん	91	
孫皓 そんこう	111	
孫策 そんさく	90	
孫夫人 そんふじん	197	

((た))

大喬・小喬 だいきょう・しょうきょう	199
太史慈 たいしじ	100
趙雲 ちょううん	16
張角 ちょうかく	117
張嶷 ちょうぎ	40
張勲 ちょうくん	155
張紘 ちょうこう	107
張郃 ちょうこう	60
張繡 ちょうしゅう	193
張昭 ちょうしょう	108
張松 ちょうしょう	168
張任 ちょうじん	167
貂蝉 ちょうせん	122
趙範 ちょうはん	195
張飛 ちょうひ	15
張夫人 ちょうふじん	199
張苞 ちょうほう	42
張宝 ちょうほう	119
張翼 ちょうよく	31
張遼 ちょうりょう	58
張梁 ちょうりょう	118
張魯 ちょうろ	194
陳宮 ちんきゅう	132
陳珪 ちんけい	135

陳登 ちんとう	135
程昱 ていいく	66
丁原 ていげん	192
禰衡 でいこう	201
程普 ていふ	96
丁夫人 ていふじん	198
丁奉 ちょうほう	104
典韋 てんい	57
田豊 でんぽう	142
董允 とういん	46
陶謙 とうけん	193
鄧芝 とうし	16
董卓 とうたく	121
董荼那 とうとな	181
鄧茂 とうも	72
杜預 どよ	190

((な))

南華老仙 なんかろうせん	203

((は))

馬休 ばきゅう	173
馬謖 ばしょく	29
馬岱 ばたい	39
馬超 ばちょう	19
馬騰 ばとう	171
馬良 ばりょう	45
樊氏 はんし	200
潘璋 はんしょう	109
費禕 ひい	33
麋竺 びじく	44
麋夫人 びふじん	197
卑弥呼 ひみこ	200
文醜 ぶんしゅう	139
文聘 ぶんぺい	160
卞夫人 べんふじん	198
逢紀 ほうき	148
鮑三娘 ほうさんじょう	200
法正 ほうせい	26
龐統 ほうとう	18
龐徳 ほうとく	70

木鹿大王 ぼくろくだいおう	179

((ま))

満寵 まんちょう	69
孟獲 もうかく	177
孟達 もうたつ	34
孟優 もうゆう	180

((や))

羊祜 ようこ	189

((ら))

雷銅 らいどう	38
李傕 りかく	125
陸抗 りくこう	111
陸遜 りくそん	95
李厳 りげん	30
李儒 りじゅ	123
李典 りてん	63
劉焉 りゅうえん	166
劉琦 りゅうき	161
劉虞 りゅうぐ	192
劉璋 りゅうしょう	165
劉禅 りゅうぜん	36
劉琮 りゅうそう	161
劉岱 りゅうたい	193
劉度 りゅうど	195
劉備 りゅうび	13
劉表 りゅうひょう	157
劉封 りゅうほう	35
劉曄 りゅうよう	80
凌統 りょうとう	106
呂布 りょふ	131
呂蒙 りょもう	94
霊帝 れいてい	203
冷苞 れいほう	169
魯粛 ろしゅく	93

■参考文献

『三国志群雄ビジュアル百科』（ポプラ社）／『新説 三国志 最強は誰だ？』（一水社）／『あらすじとイラストでわかる 三国志』（イースト・プレス）／『正史三國志群雄銘銘傳【増補版】』坂口和澄著（光人社）／『もう一つの『三國志』―「演義が語らない異民族との戦い―」』（本の泉社）／『三国志 英雄と闘い』（双葉社）／『三国志 上巻／下巻』／『三国志英雄録』（以上／学習研究社）／『三国志 合戦データファイル』（新人物住来社）／『三国志 戦略クロニクル』（世界文化社）／『改訂新版 大三国志』（世界文化社）／『三国志のすべてがわかる』阿部幸夫著（日本文芸社）／『三国志の言葉』丹羽隼兵著／『目からウロコの三国志』桐野作人著（以上／PHP研究所）／『ズバリ図解 三国志』（ぶんか社）／『決戦三国志 最強の戦い』（竹書房）／『一冊でわかる イラストでわかる 図解三国志』（成美堂出版）／『三国志 英傑大事典』／『三国志 最強決戦読本』（宝島社）／『三国志大事典』立間祥介／丹羽隼兵著（岩波書店）／『三国志演義大事典』沈伯俊 譚良嘯著／立間祥介 土屋文子 岡崎由美翻訳（潮出版社）／『三国志人物鑑定事典』渡辺精一著／『歴史群像シリーズ28 群雄三国志―諸葛孔明と勇将／激闘の軌跡』（以上／学習研究社）／『三国志 人物事典（Truth In Fantasy）』小出文彦監修（新紀元社）／『徹底図解 三国志 群雄割拠の時代を駆け抜けた英雄たちの物語』榎本秋著（新星出版社）／『図解 合戦地図で読む 三国志の全貌』坂口和澄著（青春出版社）／『正史三国志1～8』陳寿 裴松之著／今鷹真 井波律子 小南一郎訳／『三国志演義1～7』井波律子訳／『三国志きらめく群像』高島俊男著（以上／筑摩書房）／『図解雑学 三国志』渡邊義浩／ナツメ社／『早わかり三国志』原遙平（日本実業出版社）／『中国劇画三国志1～4』陳舜臣監修（中央公論社）／『三国志が面白いほどわかる本』三宅崇広著（中経出版）／『三国志外伝 民間説話にみる素顔の英雄たち』河北省群衆芸術館編著 立間祥介／岡崎由美訳（徳間書店）／『西晋の武帝 司馬炎』福原啓郎著（白帝社）／『三国志ものしり人物事典』陳舜臣監修 立間祥介／丹羽隼兵著（文芸社）

★その他／多くの書籍やウェブサイトを参考にさせていただいております。

三国志 群雄列伝
（さんごくし ぐんゆうれつでん）

発 行 日	2015年11月19日 初版
編 著	株式会社レッカ社
発 行 人	坪井 義哉
発 行 所	株式会社カンゼン
	〒101-0021 東京都千代田区外神田2-7-1 開花ビル4F
	TEL 03(5295)7723
	FAX 03(5295)7725
	http://www.kanzen.jp/
	郵便為替 00150-7-130339
印刷・製本	株式会社シナノ
企画・構成・編集	株式会社レッカ社　竹之内大輔／慶田玲麻
	山﨑香弥
ライティング	松本英明／畠山欣文／永住貴紀／成瀬史弥／野村昌隆／瀬尾洋一
イラスト	ＮＡＫＡＧＡＷＡ／よじろー／伊吹アスカ／磯部泰久／かみや／菊地鹿人／
	月岡ケル／佐藤仁彦／三好載克／虹之彩乃／池田正輝
	丞悪朗／中山けーしょー／藤川純一／夜鳥／日田慶治／樋口一尉／
	米谷尚展／誉／七片藍
カバー・本文デザイン	貞末浩子
DTP	アワーズ

万一、落丁、乱丁などがありましたら、お取り替え致します。
本書の写真、記事、データの無断転載、複写、放映は、著作権の侵害となり、禁じております。

©RECCA SHA 2015
ISBN 978-4-86255-327-0
Printed in Japan

定価はカバーに表示してあります。

本書に関するお電話等によるご質問には一切お答えできません。
ご意見、ご感想に関しましては、kanso@kanzen.jpまでEメールにてお寄せ下さい。お待ちしております。